门德尔松

Mendelssohn

门德尔松

Mendelssohn

皮波人物国际名人研究中心 编著

国际文化出版公司

·北京·

图书在版编目（CIP）数据

门德尔松/皮波人物国际名人研究中心编著. —北京：国际文化出版公司，2013.4
（名人传记丛书）
ISBN 978-7-5125-0458-5

Ⅰ.①门… Ⅱ.①皮… Ⅲ.①门德尔松，F. J. L.（1809～1847）—传记 Ⅳ.①K835.165.76

中国版本图书馆CIP数据核字（2012）第279081号

名人传记丛书·门德尔松

作　　者	皮波人物国际名人研究中心 编著
责任编辑	宋亚珥
统筹监制	葛宏峰　刘　毅　刘露芳
策划编辑	周　贺
美术编辑	丁鈜煜
出版发行	国际文化出版公司
经　　销	国文润华文化传媒（北京）有限责任公司
印　　刷	三河市嵩川印刷有限公司
开　　本	700毫米×1000毫米　　　16开
	9印张　　　　　　　　　84千字
版　　次	2013年4月第1版
	2020年9月第2次印刷
书　　号	ISBN 978-7-5125-0458-5
定　　价	22.50元

国际文化出版公司
北京朝阳区东土城路乙9号　　邮编：100013
总编室：（010）64271551　　传真：（010）64271578
销售热线：（010）64271187
传真：（010）64271187-800
E-mail：icpc@95777.sina.net
http://www.sinoread.com

目录

目录

目录

目录

门德尔松的家世

幸福的音乐人

雅各布·路德维希·费利克斯·门德尔松·巴托尔迪是德国犹太裔作曲家，是德国浪漫乐派最具代表性的人物之一。他的作品以精美、优雅、华丽著称，他是莫扎特之后最完美的曲式大师，古典主义的传统与浪漫主义的情趣在他的作品中被完美地结合在一起，赋予作品一种诗意的典雅。他善于把美妙的旋律纳入正规的古典曲式中，他不仅是一位热情歌颂自然的诗人，还是一位善于使用画笔的风景画家，他的音乐被称为"描绘性浪漫主义"。

门德尔松

在音乐发展的历史上，有许多艺术家们的心酸血泪，例如贝多芬饱受命运磨难，莫扎特为生活所苦，同时期的肖邦受祖国沦陷的折磨……门德尔松是幸运的，他的一生较平顺，家世好，性格品德很优秀，爱情与婚姻生活都很美满。

虽然他的生命很短暂，但他一生中创作了大量的各种体裁的音乐作品。可能受他生活安定、富足的影响，他的作品风格温柔舒适、优美恬静、完整严谨、富有诗意，极少矛盾冲突，他创作的《芬格尔山洞》《第一钢琴协奏曲》《无言之歌》《意大利交响曲》《苏格兰交响曲》等都是著名的作品，这些作品把浪漫主义与古典主义交织在一起，音乐既有古典主义的逻辑性，又带有浪漫主义的幻想性。其中的《E小调小提琴协奏曲》具有华丽的技巧与甜美的旋律，表现出生活中明朗的一面，是举世公认的经典。

在音乐启蒙运动方面，门德尔松使被人们遗忘了几乎

芬格尔山洞

一百多年的作品——巴赫的《马太受难曲》重放光芒，这是音乐史上最重大的事件之一，从此人们又开始重新认识巴赫。

音乐教育方面，他创办了德国第一所音乐学院——莱比锡音乐学院，为后来德国音乐教育的发展打下了坚实的基础。

门德尔松性格谦和、厚道、乐观，有不凡的音乐才华和良好的家世，这让他成了音乐界的幸运儿。下面我们就从这位幸福的音乐人的家世开始来了解他。

留下声名的摩西·门德尔松

18 世纪的欧洲，各国都积极倡导自然科学的研究，这也是各国的学术主流。英国人牛顿发明了微积分，发现了万有引力及运动三大定律；波义耳发现了气体的体积与其受到的压力大小成反比；琴纳医生发明了用种牛痘的方法预防天花；意大利人伏特发明了电池；荷兰的列文虎克借显微镜观察微生物。

科学之风方兴未艾之际，一些人文主义学者也纷纷倡导用科学的方法研究人类社会的各种现象，所以带动了民主政治思潮。在民主思想的作用下，美国和法国爆发了独立革命。当时正居欧洲中部，被神圣帝国统治下的日耳曼

易北河夜景

民族共有一百多个独立小城邦国，他们还依然保持着日耳曼民族守旧、冷静的作风，就像当时所流行的一句话"法国领导陆地，英国领导海洋，德国领导的是天上的浮云"，日耳曼人仍坚守着他们的民主和文化传统。

我们的主人公门德尔松的祖父摩西·门德尔松就生活在这样的环境中。因为他是犹太人，所以我们不得不说说当时犹太人在社会中的活动情形。

犹太人自亡国以后，几个世纪以来都受到其他民族的排斥，其中的原因很复杂，也很难一一说清楚，宗教意识在其中起了很重要的作用。正因为受外在压力的影响，他们越发团结而坚强。

犹太人坚守着自己的宗教信仰，在音乐、美术、文学、哲学、科学等领域中都取得过令世人瞩目的成就。到了18世纪中期，德意志某些城邦竟公开表示不欢迎犹太人居住，并将犹太居民局限在特定的区域里，并限制人口数量，还要缴纳较重的税额。允许犹太人接触的行业就只有服装店、钱庄、裁缝店之类的。

沉浸在哲学与诗歌音乐中的日耳曼人被当时欧洲各国人认为是最不重实际的，但是事实证明人们错估了他们，门德尔松的祖父摩西·门德尔松就是个讲求实际的人。

被门德尔松家族奉为"伟人"的祖父摩西·门德尔松于1729年出生在易北河畔的一个小城镇，父亲是当地犹太教区的书记兼教士。摩西是在父亲的严厉教导下长大的。

摩西14岁便离开了家乡，独自到柏林去闯荡。当时只懂希伯来文的他为了将来有更好的出路，一边在绸缎厂工作，一边努力进修德文。21岁时，他被厂主聘为家庭教师，接着又任会计一职。后来，他的事业蒸蒸日上。

在工作之余，摩西又开始钻研学问。没多久，他就能撰写并发表一些哲学论著，把希伯来文翻译成德文，后来还参加了柏林学士院的论文征文比赛，与康德（1724—1804，德国大哲学家）竞争头等奖。后来人们便把摩西列入了学者、哲人之列。

摩西是事业、爱情双丰收的。他当时追求犹太籍的弗罗梅特·古根海姆小姐，她为他的智慧和才干所折服，后来嫁给他，共同组建了一个大家庭，生育了六个子女。

大女儿多罗蒂亚是个才女，她不但自己写小说，还翻译法国女作家斯达尔夫人的作品。她的儿子菲利普·怀特是位宗教画家，他于1810年改信天主教，曾到罗马绘制过壁画，返国后在博物馆任职。

还有一个女儿亨利塔，也是聪明伶俐，曾经在巴黎某将军家任教过。她返回柏林后，一直到 1831 年去世为止，都与门德尔松一家住在一起。

摩西的儿子中最为人熟知的就是约瑟夫和亚伯拉罕，他们兄弟俩都是银行家。亚伯拉罕尤其出色，他拥有庞大的产业，还是柏林市议会的议员。他的音乐家儿子门德尔松更是他对人类社会所作的一大贡献。

在当时的社会情形下，摩西知道他的子女们如果要想在日耳曼人的社会取得一席稳固的立足之地，是很不容易的。摩西用他的勤勉、毅力和智慧换来了自己与家人的安定生活。他作为一名学者，一生致力于促进犹太教徒与外邦人士（非犹太教徒）间的友好关系，努力提高犹太人在当时社会中的地位。他做得不错，不但应邀去波茨坦附近的圣索西宫与弗雷德里克大帝共餐，还有幸聆听了大帝的银笛演奏。另外，他还与欧洲当时的许多智慧人士来往，例如康德就是其中之一。

摩西 57 岁去世时，生活在德国境内的犹太人没有一个不知道他的大名的。他为家人留下了伟大的声名与重大的责任，但是却没有留下金钱。这个缺憾，将由他的第三个孩子亚伯拉罕为他弥补。

创造财富的亚伯拉罕·门德尔松

亚伯拉罕于 1776 年出生在柏林，正是美国《独立宣言》发表的那一年。尽管北美大陆闹翻了天，欧洲的天空依然蔚蓝如昔。

亚伯拉罕一定是承继了父亲的苦学精神，虽然他早年的求学历程已不可考，但是他成年后曾在巴黎的一家银行任职，并邂逅了年轻貌美的富家女李·沙洛蒙。

沙洛蒙小姐不仅漂亮，而且很聪明。她多才多智，说一口流利的法语、意大利语、英语，甚至还能阅读荷马原著，而且弹得一手好钢琴。她是柏林最富有的女继承人，却没有富家千金的坏脾气。她吸引了当时正值适婚年龄的许多公子哥儿，但是她最终选择了亚伯拉罕，由此可想，亚伯拉罕一定有太多别人所不及的长处。

他们在认识的第二年便结婚了。虽然娶了个有钱的太太，但是亚伯拉罕并没有过着清闲安逸的日子，他仍然夜以继日地努力工作。他在汉堡筹设了一家银行，因为经营得法，几年工夫便赚了一大笔钱，同时他的社会地位也提高了。

于是，亚伯拉罕在汉堡近郊一处不错的地段买了一幢漂亮的房子，他的三个孩子都是在这里出生的。老大范妮·夏西莉于1805年11月14日降生，老二雅各布·路德维希·费利克斯是个男孩，生于1809年2月3日；1811年4月11日老三出生了，是个女孩，取名瑞贝卡。而小儿子保罗则是后来迁回柏林后，在1813年10月30日出世的。

父亲事业成功，又多金，母亲贤惠温柔，孩子们在这样的环境下成长，自然是快乐无比。但是在老三出生那年，一家之主亚伯拉罕为了躲避战乱，保护家人的安全，匆匆逃离了汉堡，除了少许的金钱外，他们什么都没有带。是他的祖先遗传给他的毅力挽救了他，他勇敢地面对现实，在柏林又东山再起了。

在烽火连天的情况下，亚伯拉罕重新创造了自己的事业。在小儿子保罗出生时，他还为布拉格的野战医院捐献了大批财物。因为有此功绩，亚伯拉罕在拿破仑战败后，当选为柏林市议员。从此,门德尔松家族的地位又向上跃进了一大步。毋庸置疑，门德尔松拥有一个快乐的童年。

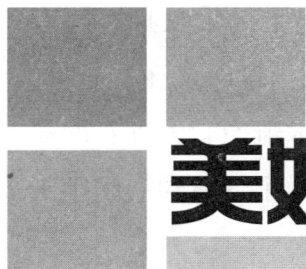

美好的少年时代

良好的音乐启蒙

门德尔松家坐落在莱比锡街，是柏林最豪华的私邸，有42间正屋，进门是华丽的客厅、宽敞典雅的大扶梯，还有可以容纳百名宾客的餐厅、厨房、音乐室、舞厅。在花园里，有六英亩翠绿如毡的草地，有花坛、艺术雕像、大理石的喷水池、一座豢养着品类可观的珍禽异兽的小森林和一间小天文台与戏院。

此外，在园子另一端，还有幢华丽的别墅。在这庞大的宅邸里，上上下下雇用了很多佣仆、厨师、园丁、马夫等。

门德尔松家虽然不是贵族，但财力雄厚，所以过着贵族般的生活。宅邸里组织了一个小型的管弦乐团，几乎每天晚上都会邀请一些亲朋好友来，一同欣赏小门德尔松指挥演奏的音乐会。

在欧洲，音乐是人们生活的一大重心，即使是平民百姓，也很少有不玩乐器的，尤其是日耳曼民族。

莱茵河源远流长，莱茵河西岸的文化发展少不了音乐，智慧的莱茵河孕育了不少伟大的音乐家，也创造了不朽的音乐文明。在当时的上流社会中，像门德尔松家的这种集会是很常见的。

门德尔松家的孩子们很自然地成了乐团的客串演出者。小门德尔松任指挥，范妮弹钢琴，瑞贝卡唱歌，保罗拉提琴，他们夹处在年龄各异的乐手中，越发显得有意思。观众们个个面露欢快与惊讶的神色，父母看在眼里，心中也很高兴。

门德尔松从小就与姐姐范妮一同学习钢琴。刚开始，妈妈亲自教导他们，因为门德尔松夫人弹得一手好钢琴。她除了教孩子们学习音乐外，还教他们学习德文、英文、意大利文，并教导他们文学、艺术方面的知识，而父亲亚伯拉罕则教孩子们法文和算术。

1815 年，父亲为他们请了位钢琴老师贝尔加。说起贝尔加，可是很有来头的，他不仅是当时柏林首屈一指的钢琴教师，还是当代著名钢琴大师克莱曼蒂的学生。因为贝尔加教学有方，父亲很快便看出范妮和小门德尔松确实是可造之才，因此又为他们请了一位专门教授乐理的老师卡尔·F.策尔特，这样一来，小门德尔松的进步更快了。他的才华像潮水般奔泻而出，并把他推上了音乐的道路；即使他年纪尚小，显现出的才华也不逊于当年的"音乐神童"莫扎特。

1816 年，门德尔松一家访问巴黎，小门德尔松和姐姐范妮又跟随比戈夫人学习。母亲良好的启蒙，再加上名师指导，姐弟俩的琴艺大为精进，显现出了不凡的音乐才华。

1818 年，9 岁的小门德尔松已经能够公开演奏了。

12 岁的伟大经历

歌德

1821 年，门德尔松在魏玛公国的德列斯登见到了音乐家韦伯。当时，韦伯刚刚推出他的第一部浪漫歌剧《自由射手》。

后来，门德尔松在老师策尔特的引见下，又见到了文坛泰斗歌德。当时，歌德已经 72 岁，看到这个 12 岁的小音乐家，很是怜爱，还留他同住了两个星期。这位热情的大文豪每天早上前来与门德尔松道早安时，都会情不自禁地拥吻他那童稚的"天才双颊"，并且每天下午都要听他弹两个小时的钢琴。

据说，门德尔松的记忆力非常惊人，凡是听过的曲子，他都能凭着记忆，正确地写出来。歌德先生一定因小门德尔松而大饱耳福，难怪他老是不忍心让那"迷人的小精灵"离去。

一天，门德尔松在歌德家做客时，有三位魏玛宫廷乐团的弦乐演奏家也来到歌德家。他们是应邀前来演奏的，听开门的人说，作曲者门德尔松将亲自用钢琴与他们合奏。当然，在那个时候，这三个人还从来没听过有门德尔松这么一个音乐家，他们一定是一肚子的狐疑。

他们来到演奏厅，发现钢琴上摆着一沓乐谱，字迹清秀。他们很快就发现这是四重奏的乐谱，而且是相当不错的作品。

这时，策尔特走进来了。这位63岁的作曲家，从年轻时就与歌德相交甚笃。他与他们打过招呼后，便把门德尔松的一切作了简单介绍。

他说："这个小伙子对外行人的赞美从不放在心上，但是他很看重内行人的评语，不过他分不出别人说的是客套话还是真心话。因为他还年轻，难免有点孩子气，万一得不到赞美，对他也是个打击，所以各位如果真心赞美他的话，不妨采取中肯的态度。同时，不要发出管弦乐那样的洪亮声响，只要用平淡的C大调就行了，希望各位能了解我的苦心。培养天才不容易，我不想让虚荣心阻碍他在艺术上的进步。"

话刚说完，歌德便领着一位俊美的少年进来了。歌德接受了在场者恭敬的颔首之礼后，说："我的朋友带来了一位柏林少年，他的演奏令我大感惊讶，而且他还是一位作曲家，所以我迫不及待地邀请各位来了。"

歌德回过头，微笑地看了看门德尔松，说："让我们一起来听听你这年轻的脑子里创作出来的曲子吧！"

门德尔松毫不畏惧地走到钢琴旁，拿出乐谱，分别放到每位演奏者的谱架上。策尔特站在钢琴旁等着为他翻谱，歌德则选了个最佳地点，背着双手，一脸认真、欣慰的表情。

年轻的音乐家坐在他的弹奏位置上，用闪烁着智慧之光的眸子盯着每位合奏者，然后示意他们开始。当每个章节演奏完毕后，歌德都会连连称好。但只是"好！""棒极了！"这类简单的字眼，从不多说什么。

绚丽的音符悠然地流泻而出，时而委婉，时而激昂，童稚的脸因沉醉、兴奋而变得红润。

乐音戛然而止。门德尔松从演奏席上起身，用探询的眼光在每个人脸上逡巡，似乎在等待他们的评语。

"简直太棒了！从大家的神情，我能看出他们很满意你的作品。你看你的脸，红得像晚霞，去花园里透透气吧！"歌德慈祥地说。

少年的脸上夹杂着兴奋与羞涩，他急忙飞奔而出。毕竟还是个稚嫩的少年嘛，有些不好意思也是正常的。

三位演奏家似乎是要告辞，歌德赶紧说："各位请留步，我和策尔特想听听各位的意见。对一个有音乐才华的少年而言，今天的演奏在熟练程度上，并没有什么惊人的表现，但是这位少年的即兴演奏和初次试弹的能力，实在令人激赏。以前，我认为像他这种年纪是办不到的。"

策尔特说："您以前在法兰克福不是听过莫扎特的演奏吗？那时莫扎特才不过 7 岁呀。"

歌德说："话是没错，但那时候的我也才 12 岁，我跟别人一样，佩服得不得了。如今，听过门德尔松的弹奏，我才发现什么是成人教出来的小大人，什么是天真烂漫的天才少年。"

策尔特笑着说："如果只是单纯的弹奏问题，门德尔松一定能够丝毫无误地全部背弹出莫扎特当年那首震惊全世界的协奏曲，但是现在很多小孩子都能办到。我关心的是这孩子的创作力。不知各位对门德尔松的四重奏有什么意见。"

有位演奏家开口说："比起莫扎特 12 岁时的作品，门德尔松的更有创意。莫扎特只是模仿，缺乏创意。这位少年的资质良好，身体也不差，有良好的家庭背景和学习环境，各种条件对他都很有利，我们确信他一定前途无量。"另外两人也频频点头表示赞同。

"如果真是这样，那就太好了！可他未来的发展是很难预料的。我见过太多的天才，因为开花太早，凋谢得也快，很可惜。好在这位少年有策尔特这样的好老师，这是他的幸运。"歌德说。

门德尔松能有日后的成就，策尔特先生功不可没。策尔特是歌德的挚友，也是当时柏林合唱团的指挥，他创立了男声合唱团。由于策尔特的关系，后来歌德经常从门德尔松的新作中获得启示，可见，音乐是没有年龄限制的。

温馨惬意的家

门德尔松的房间里窗帘深垂，听不到鸟语，闻不到花香，也不受明媚的朝阳的打扰。门德尔松陷在他那宽大而柔软的床上。

仆人约翰进来送早餐，看见门德尔松少爷仍高卧未醒。他知道，晚起是少爷的习惯，这时候很难叫醒少爷。经验告诉他，即使浇些凉水，也只能让少爷眨眨眼皮，所以他便放下早餐忙别的事情去了。

范妮走进来，约翰正在整理门德尔松的衣服，他动作利落，神情愉快，还一边哼着快节奏的曲子。

"还没醒哪？"范妮问。

约翰无奈地点点头，又兀自忙他的工作去了。范妮立刻带着恶作剧的神色，奔到床前，抓紧门德尔松的双肩，使劲地摇晃。

"醒醒，醒醒，菲力（家人对门德尔松的昵称），快醒醒，"她命令他，"睁开眼睛！我有好消息告诉你，快中午了，还不起床？"

"什么事情？"门德尔松揉揉眼睛，含混不清地问道。

"我收到威廉的信了。"她一边说，一面拍弟弟的双颊。

门德尔松挣扎着坐直身子，揉着惺忪睡眼问："说了些什么？他要娶你吗？"

"那当然了，他说春天时他会回来。"

"嘿！他还不是看上你的嫁妆？"门德尔松揶揄地说。

这是姐弟间常有的戏谑，因为他们的父亲向来不赞成范妮和这个穷艺术家威廉·亨塞尔来往，老是嚷着人家是看上范妮的嫁妆了。后来这成了门德尔松家孩子们开玩笑时最喜欢引用的一句话。

其实威廉是个不错的孩子，他和范妮是在柏林举办的艺术活动中认识的。近两年来，他的才气和努力使他在艺术圈内小有名气，现在他正在罗马从事壁画和人像的绘制。

范妮不仅很有音乐才华，还是个水彩画家，她和威廉是很合适的一对，彼此也深爱着对方。做父亲的自然不是个势利、不明理的人，最近，他已经默认了这对年轻人的关系。

"你一定想急着把信念给我听，是吧？我吃饱了才比较善解人意，而且也有同情心，所以让我边吃边听好吗？"

恋爱中的少女范妮深情地念着情人的来信，门德尔松却忙着吃餐盘里的食物，然后还不忘用打趣的眼神瞅着范妮，心想：这就是爱情，多纯洁、坚定、美好啊！

念完信，范妮面露满足的微笑说："如果你知道爱情多么美好……"

没等范妮把话说完，门德尔松便抢着说："谁说我不懂，有一天我也会恋爱，还会结婚呢！"

两个人关于恋爱，你一言我一语地争论着。这时，仆人约翰进来报告洗澡水已准备好了，范妮在弟弟脸上轻吻一下，踏着轻快的脚步离开了。

与往常一样，门德尔松跳进大浴盆，懒洋洋地擦着身子，一边和约翰东拉西扯地聊着。清洗过后，他换了一身干净的衣服，走进书房，开始校对《C 小调交响曲》的校样。这是他的英国出版商克雷莫寄来的。

他聚精会神地工作时表情很严肃，与刚才判若两人。两个小时过去了，工作也接近尾声，他起身伸了伸腰，并拉铃唤人。

"我要进城去。"

"少爷您骑马还是乘车？"

门德尔松看了看窗外的天空。天气好极了，乘车怪可惜的。"我骑裘诺，半个小时内请备妥。"

他赶快换好衣裳，在蓝色和灰色的外衣挑选上迟疑了一下，终于选择了灰色。白衬衣、灰外套、奶色马裤、浅棕色长靴，好一个翩翩美少年。他转身拿起书桌上的稿子，放进了衣袋，向母亲问安去了。

他轻敲门板，等熟悉的回答声，然后扭动门把，走进去，屋子里的炉火映得他浑身暖洋洋的。

整栋宅邸中，很难见到门德尔松夫人的影子，但每个人时时都能感受到她的影响力。她是这个庞大机器的原动力，掌理了机器的全部动力来源，效率是很惊人的。她思想条理清楚，澄蓝的眸子透着开朗和慈祥。她喜欢诚实、率直、利落，谁要跟她兜圈子，那就犯了她的忌。虽然她很少发火或暴跳如雷，但是那威仪十足的表情很是惊人。

"很高兴见到你，菲力，"她面带笑容，把手上的刺绣搁在一边，伸出双手，拥抱她的孩子，"工作进展得如何？"

"妈妈，我已把《〈仲夏夜之梦〉序曲》和《C小调交响曲》校对过了。"

母亲脸上漾着慈祥与满意，这个孩子资质好，又肯努力。前年在柏林大学研究历史和哲学时，黑格尔教授夸赞过他思想严密灵活，即使不走音乐的道路，依然能在学术界大放异彩。去年,他根据歌德的名诗《宁静之海》及《幸福的航行》所作的弦乐曲也十分出色。但是这个未满20岁、涉世未深的青年太善良、太热情了，母亲难免放心不下。

"是哪个出版商寄来的？"

"伦敦的克雷莫。"

她说："这很有意思，看来英国人倒是比自己国人要欣赏你。"

"还不是因为《仲夏夜之梦》是莎士比亚的作品。"

"《C小调交响曲》可不是哦，你想要去伦敦吗？"

"才不呢，"他毫不犹疑地回答，"我虽然喜欢英国，但那里毕竟不是我的家呀。"

"很高兴你能这么想。我只是想了解一下你的看法。"话题结束了，事情已经在她的脑子里归档存放了。

母子俩还谈了些别的事，她手托着腮，注视着伏在椅子扶手上的儿子。门德尔松则仰着头，眉飞色舞地侃侃而谈。她比任何人都了解门德尔松，她看得出他内心永无止境的理智和情感的冲突，也了解他个性中的矛盾。门德尔松当时已经通过了柏林大学的法律考试，父亲也希望在银行内为他找一个职位，但是门德尔松夫人认为不是太合适。

门德尔松精通六种语言，但他并不想成为语言专家；他的风景画画得很出色，但不表示他要成为画家。这些只是他成为一名音乐家的部分修炼而已。

"骑马进城吗？"她知道儿子的骑术、跳舞、溜冰、下棋、游泳、打靶都很棒，但是在积雪还未融化的一月，骑马不是太安全。

他点点头。"我想把改好的稿样拿给策尔特先生看看后再寄到英国去，"说到这里，他耸耸肩，无奈地摊摊手，"我还得上银行去取点钱。"

母子二人会意地互看了一眼。

"祝你好运，"母亲摇着头说，"希望你父亲正忙着开会，没空见你。"

他朝母亲扮了一个鬼脸说："哦，或许我会是个幸运儿。"

慈爱父亲的期望

门德尔松的银行家父亲今天没有会议，父亲让他进去，他挺胸抬头地大步跨进父亲豪华的办公室，对靠坐在大皮椅上的父亲恭敬地行了个礼。他心中早有准备，父亲又少不了一番说教，因为他那200塔勒（德国的旧货币单位）的请款单正放在父亲的桌子上。

"早餐时，我没看见你，难道是昨夜工作得太晚了，必须要好好睡一觉？"门德尔松已经习惯了父亲的讽刺。他知道，这时最好的应对方式便是闭嘴。

"你时常送请款单来，这使我感觉你花钱花得太凶了。"银行家几乎要咆哮起来了，"你到底什么时候才开始赚钱呢！你这样花钱，可知道赚钱是很不容易的？"

接下来便是一连串的"想当年"，父亲从摩西爷爷的奋斗史，一直讲到他如何打下今天的局面，门德尔松只好连连点头称是。

"别以为我有钱，"亚伯拉罕·门德尔松举起了警告的手指，在儿子眼前晃动，"跟我的朋友罗切斯特比起来，我简直就是个乞丐。知道我为什么时时要你找个工作养活自己的原因了吧！别成天拿音乐当饭吃。"

"您知道我是一心想赚钱养活自己的，但是音乐工作的收入太少了！"门德尔松争辩道。

"所以我才不让你把音乐当工作，这只是一个业余爱好。凡是不能养家糊口的工作，都不能当终生事业。你干吗不在我这儿工作？我正需要一名律师。"银行家沉吟了一下，似乎在盘算着什么，"妮娜呢？你打算什么时候和她结婚？"

"那得看我们两人什么时候才能进入情况。"

"到底还要多久？你们不是从小就认识了吗？"

"我觉得我们像兄妹，缺乏一种浪漫的情趣。"

"她不是很喜欢你吗？"

"我想大概是这样的。"

"这就足够了。彼此喜欢是婚姻的基础，别成天幻想一些不实在的东西，记住我的话一定没错。"父亲突然抬起头，"你多久没去看妮娜了？"

"大概有……10天了吧。"

"待会儿立刻去看她，顺便带些花，劝她早点和你结婚，懂吗？"

"是的，父亲。"

"婚姻会带给你责任感，"银行家拿出怀表，看了看时间，"你去出纳那里拿你想要的东西吧，我得马上去开会。"

"谢谢父亲。"

像帕格尼尼一样震撼柏林

帕格尼尼

1829 年的春天来了，莱茵河水又开始滚滚流淌。伟大的"小提琴魔术师"帕格尼尼来到柏林，这是音乐界的空前盛事。

尼可罗·帕格尼尼原是意大利热那亚地方的贫家子弟，从小就崭露了不平凡的音乐才华。5 岁时，获赠一把小提琴，他自己摸索着演奏法，很快就学会了；8 岁时，有了第一把属于自己的小提琴，他不但学会了演奏技巧，还掌握了弦乐器的特性，并且开始了乐曲创作，还发明了许多新的演奏技法。

从 15 岁左右开始，帕格尼尼就在意大利各地巡回演出，他的技巧让他声誉日隆。渐渐地，人们都称他是"小提琴魔术师"，很多人被他那高深莫测、神出鬼没的小提琴演奏震慑住了，他所到之处，无不轰动。

帕格尼尼具有一种异乎常人的气质，他看上去，冷漠且阴沉沉的，仿佛来自另一个世界。这可能也是因为他的病，据说，帕格尼尼一直患有肺疾。帕格尼尼个性很孤僻、暴躁，但心地很善良。可惜的是，他的善良被他的表象及种种过度渲染的传闻给掩盖了。

帕格尼尼简直是个奇迹，他所到之处总会有一些近乎神话的逸事奇闻发生。因为他的神秘诡谲，而且他从来不肯将他的神技传授给他人，所以不少人甚至相信他不是人类。他能在木鞋上绑几根弦线，便奏出行云流水的乐音；只在小提琴上系一根弦，就能奏出艰深且有多重变化的曲子。所以帕格尼尼来到伦敦的时候，一群好奇的伦敦市民都尾随在他身后，想要一睹这位神秘人的真面目，好弄清楚他"到底是不是人类"。

1828 年，帕格尼尼大师曾到了人才荟萃的维也纳，在那里掀起了轩然大波。现在他又移驾柏林，更是气势夺人，惹得全柏林的人为之躁动。

大师是不会让柏林人失望的。他出神入化地驾驭着他的小提琴，用复音奏法、左手拨弦等技法，丰富了乐曲的生命，把人们的心绪引上层层高峰，再导入深不见底的渊谷。热情的门德尔松被这神技感动得热泪盈眶，他和全柏林的人一样，迷失了自己。

尽管帕格尼尼大师法力无边且容易让人着迷，但门德尔松并未忘记自己的使命。1829 年 3 月 11 日，他得到老师策尔特的允许，举行了巴赫作品《马太受难曲》的复活节演奏会。这在当时的柏林音乐界造成的轰动，并不逊于帕格尼尼。

当时，正赶上《马太受难曲》初演后第 100 周年，而且百年之中，这首曲子一直没被人演奏过。门德尔松这个时候演奏这首曲子，算得上是音乐史上值得大书特书的事迹了。

当这位年仅 20 岁的青年，手持指挥棒，领导圣加卡迪米合唱团唱出这首在人世间消逝整整 100 年的曲子时，他让人们重新认识了巴赫的伟大。从每个歌手的脸上，人们看到了专一与严肃的神圣表情；从每个听众眼中，人们看到了感恩与陶醉的泪光。

如今，《马太受难曲》被人们赞誉为"名曲中的名曲"，门德尔松应属首功。要不是他，这首曲子很可能将永远不见天日。

姐姐范妮要结婚

在充满朝气的初春里，威廉·亨塞尔从罗马回来了。这次，他凭着真才实学得到了亚伯拉罕·门德尔松先生的肯定，他同意让长女范妮"下嫁"给他，订婚的日子就在最近，所以门德尔松家上下充满了热闹、忙碌的气氛。

范妮的佳期在即，订婚的日子是不能没有鲜花的，尤其是像范妮这样可爱的女孩子，更要在花团锦簇中步入人生的另一阶段。门德尔松要给他敬爱的姐姐布置一个最美丽的订婚礼堂。

午后骄阳当空，门德尔松来到柏林一家很具特色的花店里。花店主人是一位中年妇人，她带着亲切的笑容迎了出来。

"好久不见，门德尔松少爷。"她说。

他说因为姐姐订婚，所以他忙坏了。妇人在一边喋喋不休，他则忙着欣赏陈设出来的花儿，并盘算着哪种比较适合。

这是一栋黄砖砌成的古老建筑，原来是平民化的剧院兼音乐厅，随着年代的更迭，繁华的市中心已经转移，它的功能也不像从前，这家花店就借居在它的一角。

"门德尔松少爷，我想，范妮小姐一定喜欢订婚的日子里充满花香。"店主打断了沉思中的门德尔松。

"是的，一定。这样吧，您来帮我选吧，只要是最美、最好的花，越多越好。我知道您一定不会让范妮失望的。"

"谢谢您对我的信赖，我一定尽力而为，保证让您满意。"

这算是了结了一桩大事。走出花店，门德尔松突然感到一股莫名的空虚，平常与他最谈得来的范妮姐姐快要离开这个家了，从此门德尔松的家庭就不再完整。将来，妹妹瑞贝卡也要嫁人，到那时，一家人想要团聚在一起，恐怕就不是件容易的事了。

突然间，门德尔松心中滋长出了一股责任感，他不愿看到双亲被浓烈的哀愁笼罩着，他立志要肩负起家庭的责任。有朝一日，"门德尔松"这个姓氏对他而言，将不再是个普通的姓氏，他要"它"因自己而骄傲。

大不列颠之行

来自伦敦的邀请

范妮的订婚仪式过去几天后，在门德尔松家上下仍沉浸在喜悦中的时候，门德尔松收到好朋友卡尔·克林格曼从伦敦寄来的信，原来是伦敦爱乐协会的乔治·斯玛特爵士准备邀请门德尔松到伦敦去举行音乐会，并且随信附上了斯玛特爵士的正式邀请函。

门德尔松欣喜不已，但是他担心父亲不同意，因为父亲向来反对他"成天搞些无法养家糊口的玩意儿"。如果父亲反对，不给予财力支持，怕是很难成行。

但是这个机会对以音乐为志向的人来说太难得了，因为在那儿能够展现自己的才华，发表自己的作品。他绝对不允许自己错过这个千载难逢的好机会。

这一天，他还像往常一样沉睡到日上三竿，然后任那忠心的老仆人约翰摇他、晃他，甚至在他脸上泼凉水，才好不容易张开了惺忪睡眼。今天，他比往常清醒得多，但是他还是赖在床上，睁着眼思考问题，并幻想着美好的伦敦之行。

他这个年龄的人，幻想是无害的。有多少功成名就的人都是以他们的"少年之梦"为蓝图，排除万难，一步步走下去的。门德尔松并不是个不切实际的年轻人。虽然他的生长环境很舒适，幸运地受到名师的指导，并且以"天才少年"的姿态出现在音乐的舞台上，但这些只是表面，谁知道他在背后苦练了多少个日夜。

一分天才需加九十九分努力才能成功。空有天才而不努力，成就也只能达到"一分"火候；若缺乏天分，但孜孜不倦，那勤能补拙的说法绝对会应验，也能达到"九十九分"的成绩。

门德尔松是幸运的，因为他拥有了那难能可贵的"一分"天分，又加上不断的苦练及名师的指导，终于成就了伟大的音乐事业。

说服父亲

老仆人约翰对躺在床上的门德尔松说："今天的冷水也不管用吗？菲力少爷。"

"哪里，约翰，我已经醒了，只是在想事情罢了。"

"哦，在想妮娜小姐吗？好久没看到她了。说实话，她还真是一位善良可爱的小姐，我们都喜欢她，早点把她娶过来吧。"

"约翰，错了，"门德尔松坐直身子，用求助的眼光看着仆人约翰，"卡尔来信，说伦敦方面想请我去开演奏会，我正发愁呢！"

"这可是好事呀，"约翰放下手头的工作，急忙跑到床边，面带兴奋之色，"哈，那么伦敦人就能见识到咱们的音乐家了！您还发什么愁呢？"

"还不是因为爸爸那一关不好过呀！他一直不赞成我'不务正业'。"

"我了解老爷，他并不是个顽固的人，只要您能提出好的理由和实际保证，那就没什么问题了！"

"真的吗？约翰，你实在太棒了，我一直都在担心呢！这会儿，我突然觉得饿了。"

"早餐不是来了吗？菲力少爷。"约翰端上了一个大托盘。

"你可真是善解人意呀。"

"哦，对了，菲力少爷，要不要让我通知厨房今晚准备老爷最爱吃的菜呢？比如一块鲜嫩的烤羊排，饭后您再与老爷好好商量正事。"

"太好了，真是个好主意。"门德尔松狼吞虎咽地吃着，口齿不清地回答着仆人的话，眼里流露的尽是感激，这个约翰是看得懂的。

晚上父亲亚伯拉罕吃过晚饭，拿起餐巾擦了擦嘴角，显然他对晚餐和晚餐时快乐的气氛很满意。他环视着座上的每个人，微笑着起身走进书房。在场的每个人都暗自交换眼色，并对站在一旁的约翰投以鼓励的目光。

"菲力，先别急着去，我们要等你父亲的肠胃有时间把信息传给脑子。"门德尔松夫人慈祥地对儿子说。

"父亲今晚很高兴，菲力，一定没问题的。"范妮说。

"是啊，不必急于一时嘛！"瑞贝卡也这么以为。

"妈，我们大家干吗不放松心情？父亲自会答应的。"连小保罗也说话了。

"好了，孩子们，不要再说了，今天的布丁很可口，栗子糕也是大家喜欢的。待会儿菲力办他的事，咱们该忙自己的了。"

晚餐在一片嬉闹声中结束了。门德尔松带着斯玛特爵士的信函，轻轻地敲响了父亲书房的门。

父亲一声"请进"，门德尔松推门进入，默默地走到书桌前，递上文件，然后便站在一旁等待父亲发话。

父亲看完信，既没发火，也没反对，更没有一点儿不愉快的神色，门德尔松纳闷了。这是怎么回事，难道父亲同意了？

"这的确是件好事，"父亲平静地说，门德尔松心中的大石落地了，"斯玛特爵士说全伦敦的人都很期待你，但是却没有提钱的事，真不明白他到底要你怎么去，难道游泳去吗？不过，能被邀请前去开演奏会，对年轻人来说，是件值得鼓舞的事。"

门德尔松瞥见了父亲脸上的一丝骄傲神色，但是父亲似乎有意隐藏，他把视线转到了窗外的夜空。不过门德尔松心里清楚，父亲不但赞成，而且会赞助他的。

父亲转过头又说："孩子，这或许是个好的开始，不要错失机会，这关系着你的个人名誉，也代表着咱们日耳曼人的荣誉，好好干吧。需要多少旅费，就到银行出纳那里去支取。借这个机会出去见见世面，对将来一定会有帮助的。"

"我会的，父亲，"门德尔松说，"我一定尽力而为。"

抵达伦敦

4月，风和日丽，门德尔松乘船从汉堡港出发，前往伦敦。一路上他看到蔚蓝的天空中飘着几朵柔软丰腴的白云，碧绿的水中散布着几叶渔舟。汉堡港内的建筑因四周水域及晴空的加大而变小，渐渐地消失在视线里。

一眼望去，是一望无际的春水长空，听到的是海浪的拍打声及风吹桅杆缆绳的呼呼声。这是生命的气息，大地的命脉，此刻只有这些才能让人感觉到时空在运转，而非静止。在甲板上，靠着栏杆站着，门德尔松深深地呼吸着充满海洋气息的空气，望着天边的云朵，享受着迎面吹拂的海风。他反复念着斯玛特爵士信上说的话："全伦敦的人都期待着你的到来"，不禁对伦敦很期待。

他的心在飞舞，犹如风中的花瓣，他似乎预感到，在往后的日子里，属于他的道路两旁将会"充满玫瑰花"。他坚信，只要肯努力，一定会有收获。

"嘚嘚"的马蹄声中夹杂着"咻咻"的鞭打声，一列来自多佛的驿车驶进了客栈前的鹅卵石广场。车门打开后，伴随着一阵阵欢笑、吵闹声，绅士们一跃而下，淑女们提起大蓬裙的一角，在人们的搀扶下，小心翼翼地让双脚顺利着地。一边等候的人们一拥而上，各自接走了自己的人；脚夫们快速地卸下行李，来回奔忙，到处运送。

门德尔松在人群中看到了久别的卡尔·克林格曼。那位仁兄风采依旧，一身鲜艳耀眼的紫色装扮格外引人注目。

卡尔是个活泼、热情的少年，从小就和门德尔松谈得来，因为他也生长在富裕的犹太人家庭里，所以两人感情也最为亲密。在柏林时，卡尔认识了一位欢场女子，身上的钱被榨得精光，还负了一身债。尽管如此，卡尔仍不能对那个女子忘情，最后他的父亲只好想办法把他弄到了英格兰。生活的磨炼及时间的考验让卡尔从失意中复原了，而且变得懂事了，虽然他那玩世不恭的外表未曾改变，但内心确实和过去不大一样了。

"菲力！喔，菲力，感谢上帝这一路上没把你的骨头震散！"一阵热烈的拥抱后，卡尔宛如一位熟练的外交官一样，亲自打点脚夫运送门德尔松的行李。不一会儿，他们俩坐的马车就已经愉快地驰骋在了圣詹姆斯公园的林荫大道上。

"你一定得和我同住，"卡尔一路上滔滔不绝地说着，"说什么也不让你去住旅馆。全伦敦的人都在欢迎你，你就等着被仰慕你的人吞噬吧！"

"伦敦人真的欢迎我吗？"

"那还用说，我敢保证现在全伦敦有待嫁闺女的家庭都在日夜期待着你的到来呢！哈哈——"

"卡尔，岁月也没有把你改变吗？我忘了问你，当外交官滋味如何？"

"这工作很适合我，我甚至觉得自己生来就该从事这一行。"

马车转进柏里街，这位壮硕的青年又开始谈论他多彩多姿的外交官生活。

"尤其在社交圈内，不论你是哪一种外交官，即便是使馆里的三等秘书，依然很吃得开。"

最让卡尔津津乐道的当然是伴随着外交官身份而来的特权，它几乎让人感到"法力无边""神通广大"。

"如果我想让房东尝尝铁窗的滋味，"卡尔说到这儿，眉飞色舞起来，"相信我，只要五分钟就能办到。"

"那凭什么理由呢？"

"哪个理由都成呀，我可以说他有间谍嫌疑，也可以说他是革命分子，这就够他在牢里待上个把月的，然后再以事实调查结果显示无罪为由，让他获释。有一次，房东催房租催得过火了，我就把这档子事告诉他，那老兄立刻就换了副面孔。"

说到得意之处，卡尔可不会那么容易就打住。当车子停在柏里街 39 号门前时，卡尔还得意地笑个没完呢！

努力准备

来到伦敦后的第四天，门德尔松给家人写了封信：

　　伦敦是世界上最堂皇、最壮丽的怪物。在一封信
里实在无法述说这三天以来所看到的，因为没有记日
记，所以许多事情回想起来都漏三忘四的。我想要捕
捉身边的每件事物，因此，事情就像旋涡般地把我和
外界隔离了，并使我团团转。

　　接下来的两个星期，日子过得充实而愉快。卡尔的公寓
很小，但是布置得雅致而舒适，这种环境很适合门德尔松从
事音乐会之前的准备工作。他需要把乐谱重新整理，尤其是
各曲子的分谱，还要作最后的修订。

　　忙碌的工作，使他无暇顾及来自各方如雪片般的请柬，
这反而更激起了伦敦人想要一睹这位出身富贵的青年作曲家
真面目的热切渴望。

　　伦敦的 5 月，百花争放，城里每个角落都散发着令人喜
悦的气息，即使下着雨，伦敦依然可爱。当时伦敦聚集了一

些著名的歌唱家，其中以"金嗓子歌后"玛利亚·莎拉最叫人喜爱。

每个人都为这些精彩的演出兴奋不已的时候，门德尔松却沉浸在自己的忙碌中而无动于衷，卡尔似乎对他朋友的漠然态度感到不耐烦了。"至少该去听听玛利亚·莎拉的演唱呀，"他恳求着，"她可是天下无双的美人儿呀。"

门德尔松依然无动于衷，幽默的卡尔开始换了另一种姿态，以手指着他那位"麻木"的朋友吼道："如果你的孙子有一天知道你有机会听玛利亚·莎拉的演唱，却情愿枯守在家中画乐谱，他们一定会说：'我老祖父是个大白痴！'"

门德尔松笑了，但还是友好地表示拒绝。因为他还有更重要的工作要做，只好歉意地劝卡尔自己去了。

音乐会定在 1829 年 5 月 25 日，节目已安排妥当，计划有《C 小调交响曲》、《〈仲夏夜之梦〉序曲》，以及他为此次音乐会特别谱写的谐谑曲。门德尔松所到之处都获得了热烈的友谊与协助。爱乐协会的阿特伍德是位性情中人，他们俩一生的友谊自此展开；爱乐交响乐团的指挥乔治·斯玛特爵士给予了他全力支持。

门德尔松更是兢兢业业地努力做好一切准备工作，他没有忘记在柏林家中，紧张地等着他"不列颠历险"（父亲的话）的结果的每个人。

现在，他迫切需要去征服的就是这个交响乐团。伦敦的爱乐交响乐团是个极其优秀的传统组织，网罗了时下最优秀的音乐家，是当时大不列颠艺术精神的最高集合。要想与这群音乐家相处，只有具备艺术上杰出的才华和表现能力才行，其他的如财富和权势地位都是行不通的。

不负众望

门德尔松第一次手拿指挥棒站在指挥席上时，他面对的是一群冷漠的乐手，他们的眼光中充满了怀疑与不信任，让他心有余悸，即使练习曲演奏过后，这群傲慢的乐手仍未驯服。他明白这是一条漫长而崎岖的道路。

渐渐地，他感觉到了团员们态度的转变，他们已经信服了他的能力。因为他校正他们一直认为无关紧要甚至能够蒙混过关的错误时，那些骄傲的、布满皱纹及须髯的脸上漾起了笑容。

在最后一次预演结束后，全体团员不约而同地起身向他致意，认可了他的指挥权，也表示了对他能力的满意。这个突来之举，让他不知所措，他感动得竟然哭了，内心里却为自己的"非不列颠式"情绪表现而感到懊恼。他们似乎看明白了他的心，其中一位用带着鼻音的伦敦腔说道："尽情地哭吧，小伙子！没关系，你是个好音乐家，不要担心，看好了，明天我们一定会博个满堂彩。"

预言果真应验了，1829 年 5 月 25 日当晚的演奏会非常成功，演奏结束时，全体观众都起立向这位年轻的指挥家鼓掌致意。这次，门德尔松平静多了，他没有哭泣，稳若泰山地接受了这属于他的荣耀，并转身示意他的伙伴们（现在都已成了他的好友）起身分享这份殊荣。

台下观众的情绪非常激昂，为他的风采所倾倒的淑女不在少数，当他回到后台时，他才深切地体会到这些伦敦女子对他的崇拜已达到了无可救药的地步。家中有待嫁女儿的贵妇争相递送邀请函，恳请他"务必光临寒舍"，也有一些胆子较大的年轻女子亲自奉上红玫瑰，表达对他的爱慕。

斯玛特爵士授予他爱乐协会荣誉会员的头衔，并邀请他再举行一场音乐会。

父亲的朋友罗切斯特先生握着他的手，激动地说："太棒了，门德尔松，我马上派人把这个好消息传给令尊。"

门德尔松忙着向他们行礼致谢，并礼貌性地回绝了那些微不足道的奉承。但是当莫扎特的学生阿特伍德称赞他是天才时，他却忍不住地兴奋、沉醉了。

"感觉如何呀？"当他们返回柏里街时，卡尔问他，"伦敦是不是臣服在你的脚下了？"

"哦，太美了，"他眯着眼睛，似乎在遥望未知的世界，"简直太令人感动了，要是再住上几个月，我恐怕得变成一个自大、虚荣、无知的大笨蛋啦！"

"那样倒好，那些痴情的女子们就会有更多的机会了。现在，该去听玛利亚·莎拉的演唱了吧？她明天在罗西尼的

《塞维利亚理发师》中有演出，她真是太棒了！"

"在我记忆中你好像并不喜欢音乐呀！"

"那当然，不过她实在是太出色了，你要是看到她就知道了。她的秋波、她的樱唇，哦，简直太美太美了。"卡尔夸张地说着，并露出了夸张的痴狂的神情，然后又瞬间变得很严肃，"但我听说谁要是爱上她，无异于引火自焚！"

门德尔松摇摇头，拍着嘴打了个大哈欠，说道："也许她真的很动人，但我还是不想去。我太累了，不想再听什么该死的音乐，即使是我自己的也不想听。伦敦是美丽的，玛利亚·莎拉也是美丽的，但是卡尔，我现在最喜欢的是我的床！"

话刚说完，已经很累的他立刻淹没在柔软的枕被间，沉沉地入睡了。卡尔无奈地看了看门德尔松，心想：这小子一睡着，就别指望在明天中午以前能叫醒他！

短暂的甜美

音乐会过后，门德尔松便了无牵挂地开始享受这"不列颠"的假期。他成了伦敦上流社会的宠儿，豪门贵族都争相发出邀请。他愉快地出现在各种华宴舞会中，人们这下也逮着机会了，他们纷纷把自家的闺女介绍给他——毕竟门德尔松是位出色的、令人欣赏的青年才俊，他出身良好，仪表堂堂，天分极高，前途无量。

门德尔松仍然没忘记他的音乐，他听了罗西尼的歌剧《奥赛罗》，并与伦敦的音乐家们相往来。他还去观赏了莎士比亚的名剧《哈姆雷特》，后来，他给家人写信说："英格兰还真是充满诗意呢！"

当然诗意并不只是来自那位华发微秃的莎士比亚大师，显然门德尔松对他的家人作了某种程度的保留。因为去看了玛利亚·莎拉演唱的《塞维利亚理发师》，他不仅陶醉在罗西尼大师优美、喜悦的音符中，更被莎拉小姐姣好的容貌、美妙的身段、不凡的歌技所吸引。他对卡尔说，他渴望见见这位美人。

剧院后台通往莎拉小姐化妆室的走道两旁堆满了鲜花，也挤满了希望一睹莎拉小姐的娇容或者受到莎拉小姐的垂青的人。卡尔施展了他玲珑的外交官手腕，摆起了锐不可当的姿态，拨开人群和花丛，奋勇地向前迈进。也不知他对守门的人说了些什么，但见没过多久，一位秘书模样的女士出现了，她说："莎拉小姐很荣幸能见到门德尔松先生。"

门轻轻地打开了，很快地又被关上，将一片嘈杂的人声阻隔。火红的背影婀娜多姿，柔软的腰肢急转，美丽的面庞迎向访客，冷艳中带有一丝若隐若现的笑容。她快速地伸出手来，卡尔和门德尔松各自趋身向前，给予礼貌一吻，并作了简短的自我介绍。

"幸会，门德尔松先生，您来伦敦有一阵子了吧？"美好的声音惊醒了怔在一旁的门德尔松。卡尔看在眼里，不禁笑了出来。

"莎拉小姐，请容我替我的朋友回答这个问题。他精通音律，但不善言辞，尤其是在美丽的小姐面前。"卡尔看着门德尔松，又望了望莎拉小姐，"是的，门德尔松先生到伦敦已有个把月了，嗯，不对不对，快两个月啦。"

"您该听过几场我的演唱了吧，我很想听听您的意见。"

"不敢当，我觉得您的《塞维利亚理发师》唱得太好了。"门德尔松说。

"哦，还有呢？其他的呢？"

"我只看过这出戏。"

"为什么？您在伦敦待了这么久，难道您认为歌剧是给笨人听的？"莎拉小姐直视着门德尔松，脸上乍隐乍现的笑容不见了，"不如那伟大的交响乐。"

"正好相反，莎拉小姐，我很喜欢歌剧，只是一直抽不出时间来。"

"那您是不喜欢我的表演喽？"

"不不不，您唱得好极了。"

"那又为什么？"

莎拉小姐咄咄逼人的姿态让门德尔松招架不住，他不禁懊恼地叫道："我说过我忙啦，何况您也没来听我的音乐会呀！"

她的眼神像针一样刺穿了他的心，定定地说："我去了，我听了您所指挥的序曲和交响曲。"

四目相对，两个年轻的名人之间产成了一种荡人心魄的激情。他们默默地凝视着对方，一股热力传开，融化了冰雪，融掉了他们冰冷的外壳，他们都向对方屈服了。

卡尔很有眼色，他轻轻地移动身子，识趣地退了出去。

门德尔松问："那你怎么不来后台？"

"你也要我像其他人一样，在那个时候锦上添花吗？"莎拉小姐娇喃地反问。

他握住了她的手，她问他是否愿意送她一程。很巧，她就住在柏里街附近，海德公园东面的高级住宅区。即使没那么近，门德尔松也乐意相送。

迎着子夜的清风，他们乘坐的敞篷马车在公园的道上轻轻地缓缓前进，清脆的马蹄声与细碎的车轮声在静谧的空气中交织成一首喜悦的"爱之颂"。

他把自己心中说不出的浓情蜜意，把自己的温柔和多情传送了过去，他紧紧地拥抱着她，而她似乎也不反对他这么做。其实明天一早，她就要到巴黎去了，因不忍心告诉他这个残酷的事实，她决定不辞而别。

当马车在一栋两层楼前停止时，他吻别了含情脉脉的她，并告诉她明天下午他要拜访她。她避开了他的目光，点头答应。他扶她下了车，送她到阶梯前，直望着她的身影隐没在厚重的大门后才离去。

"我吻了她，我们一见钟情。"门德尔松一边甜蜜地回忆着，一边对卡尔说。

外交官收敛了嬉笑的面容，用医生问诊时的严肃表情望着他的朋友，迷惘地叹了口气，说："天底下是没有一见钟情的。那是一种欲望，只有欲望才会如此。"

"管它是什么呢，反正很美就是了。"

卡尔逼近门德尔松，对他审视了好一会儿，然后摇摇头说："天哪，菲力，你沉迷得难以自拔了。你难道真的爱上她了吗？你了解她吗？你的妮娜该怎么办？"

"了解只是时间问题。我把妮娜当做小妹妹，我对她的感情和对莎拉小姐不同。"

"你能确定？没搞错吗？"

"我从来没有过像今晚这样的感觉，真是太美了。"

"哦——你真是在恋爱吗？"

"是呀，卡尔，我是呀！"

两个年轻人彼此望着对方，一个满面喜悦与痴迷，一个感到有趣又大为不解。感情的事似乎永远没有轨迹可循。第二天下午，他去轻叩她家的大门，却发现已人去楼空、芳踪杳然。顿时，他瘫软了，怅然若失，他怎么都不敢相信，仅仅隔了 12 个小时，简直像做梦一样。

苏格兰之旅

卡尔建议他出去散散心，这有助于他早日恢复平静。

1829 年 7 月下旬，他俩相携去了爱丁堡，欣赏了苏格兰高地特有的景色，当地的风土人情给他们留下了非常深刻的印象：

如果上帝喜爱上这如画的景色，便会把它变得出奇的美。我对瑞士的一些回忆就好比这儿，每一样景物看起来都是如此的凛峻、宏伟，一大半都隐藏在阴霾、氤氲和雾气中。明天，在这里要举行一场苏格兰风笛比赛，许多苏格兰高地的人会按照风俗，从教堂直接前来，昂然地领着他们的爱人，穿着华丽的假日装扮，这好像便是全世界最隆重的事情了。他们留着长长的红色胡子，披着苏格兰格子呢肩巾，戴着羽毛的苏格兰软帽，露着膝盖，手拿风笛，平静地独自越过草原上半荒废的大城堡。这儿是玛丽·斯图亚特（苏格兰女王）在位时的居住之所。当我面对自己的时候，我感到时光流转飞逝，过去如此，现在也是如此。

门德尔松进入古堡的废墟中参观，他流连于它丰富的历史陈迹，想象着它鼎盛时期的华丽景况，感伤岁月的流逝，也为玛丽女王的悲剧情史欷歔不已。这些见闻和感受激发了他的创作灵感，他给友人写信说："今天，我发现了《苏格兰交响曲》的开头旋律。"

《苏格兰交响曲》中有 10 个小节写成于爱丁堡，但是直到 1830 秋天及 1831 年春天，才在去罗马的旅行中全部完成。该曲共分四个章节，其中所蕴涵的丰沛的诗意和优美的曲调，能让听者想象出门德尔松在该时期的心灵感受和情绪转变。

第一乐章是以薄暮下的古堡为主题，充满着思古幽情；第二乐章描绘了风光明媚、充满生气的苏格兰田园景象；第三乐章则是对苏格兰史上的一些悲剧所发的感慨，全篇洋溢着感伤的气氛；第四乐章的曲调轻快活泼，一切哀伤情绪烟消云散。

旅行，有益于一个人的身心。欣赏了田野风光，门德尔松和卡尔又去了苏格兰西部的赫布里底群岛，在那儿，他们看到了岩石多、高山多的苏格兰海岸风光。

同是 8 月，却有"北地不胜寒"的感觉。他们站在海边的峭壁上，脚下沙滩上有一波接着一波、缓缓而来的白浪；沙滩的尽头，峭壁嶙峋处挟着雷鸣之势，浪花腾空而起。

两个年轻人弯着腿，斜靠在如毡的草地上，任海风吹乱了头发，衣衫飘动。他们沉醉在呼啸的风浪和柔缓有致的水波声中，呼吸着带有咸味的海洋之气——那是海洋的精髓、大地的灵烟。

凛冽的海风迎面吹来，几乎无法呼吸，但是他们不以为然，仍然大声谈笑，吼着、叫着。风儿吹干了他们的喉咙，吹眯了他们的眼睛，把他们的衣衫吹得鼓鼓的，他们的心也被吹得轻飘飘的。

在赫布里底群岛中有个著名的斯塔法岛，它以许多洞窟而闻名，其中最大的一个叫"芬格尔"，相传很久以前，有个叫芬格尔的大王就住在这儿。卡尔早就听说这里景色壮丽，所以建议门德尔松雇船前去查证一番。

在寒风与浪花的吹拂下，小船缓缓地摇晃前进。虽然岛与岛之间相隔不远，但船只太小，动力不足，行走其间如同身陷浩瀚无涯的大海中，失去了速度感，也丧失了方向感。在滚滚浪花下是深不见底的大海，抬头是广袤的灰蓝天空，耳中除了船桨与浪花拍打船身的声音外，就只能听到自己的喘息声和偶尔的海鸟鸣叫声，人显得孤独而渺小，那种感觉很奇妙。

当他们进入阴暗潮湿的岩窟后，他们听到了大自然最优美的声响。海水拍打岩石的声音在岩穴中产生了各种共鸣，交织成了美丽的音符。门德尔松给范妮的信上说："我见到芬格尔洞窟后，有一股异乎寻常的冲动油然而生。"

后来，《芬格尔山洞》的开头几节便如潮水般泉涌而出。

然后他们继续前行，经过格拉斯哥、苏格兰西北部的大湖泊区，去了利物浦。在那里，门德尔松和卡尔暂时分手了。卡尔因事先回伦敦，门德尔松独自去了韦尔斯。这里给他的最初印象，便是乡间的乡土音乐。从下面的记载中，便能看出门德尔松对这里的乡土音乐的态度：

> 对我而言，音乐是不分种族的。在韦尔斯，每个著名旅馆的门厅里都有一位竖琴师，弹奏着具有民族风味的旋律。但是我必须说那是粗鄙而毫无价值的作品，它由手风琴和着一起奏出，让人听了精神涣散，连我的牙病也复发了。苏格兰风笛、瑞士号角、韦尔斯竖琴齐声合奏着即席变奏的《猎人合唱》，他们就这样奏出了如此美好的音乐，简直不可思议。

但是，住在柯德杜的泰勒家，他很愉快，并为他们的三个女儿分别作了幻想曲或狂想曲。第一首的灵感来自一束康乃馨和玫瑰，第二首则来自其中一位女孩头上的小紫罗兰花，第三首则来自溪流。

与此同时，很多大型的作品也在他敏锐的心思中产生了。这年年底，他完成了《降 E 调弦乐四重奏》。而《幻想曲》或《苏格兰交响曲》，虽然有人推测是 1833 年完成的，但是实际情况应该是更早的时候，因为在 1830 年时，他就曾经为歌德弹奏过这首曲子。

另外，他还为范妮的婚礼写了一首风琴曲，给父母的银婚写了一出小型的滑稽歌剧《儿子与陌生人》作纪念，这出歌剧的歌词是卡尔撰写的。而《芬格尔山洞》与《苏格兰交响曲》的构思与谱写，他在当时也已开始着手。

与朋友告别

1829 年 9 月初，门德尔松返回了伦敦。他原希望在 10 月 3 日前赶回柏林老家，以便准时参加范妮的婚礼，但是天不遂人愿，他的计划被一次意外的马车事件破坏了。这次，他的一条腿受了重伤，他必须在床上躺两个月。他的朋友卡尔义不容辞地当起了他的护士，对其进行无微不至的照料。

卡尔除了工作，其他时间都陪在门德尔松身旁。

"菲力宝宝，"卡尔总是这么逗他，"你的生力汤来了，这是我特别为你调制的，对你的腿伤很有帮助。"

门德尔松扔掉手中的书本，扮了个鬼脸，把双手高高地举起，用力摇摆，表示欢呼、跳跃。他已经习惯了卡尔这么消遣他。

后来等门德尔松能下床走路时，他便到英格兰作曲家阿特伍德那里待了一阵子。阿特伍德，我们前面已经提到过，他曾经是莫扎特的学生，在门德尔松的眼中，他是当时伦敦音乐界中有极高品位的人，所以他们很快变成了很谈得来的朋友。

　　门德尔松在阿特伍德那儿发现了浪漫乐派先驱韦伯的《〈欧丽安特〉序曲》的总谱，他大喜过望，因祸得福。因为腿伤延误了归期，让他看到了这么可贵的东西。

　　虽然错过了姐姐的婚礼，但他仍然愉快地写下了他在伦敦的一些好心朋友的种种事迹，并形容他在伦敦的这两个星期，成了"最快乐、最富有的人"，他说："我在这儿可真享受极了。"

　　天下没有不散的筵席，门德尔松的家人都焦急地盼着他回去，所以他不得不与伦敦的好朋友们告别。

　　卡尔及阿特伍德一行陪门德尔松来到多佛港，准备送他登船。分别总是不像相逢，大伙儿的心绪都被浓浓的离情填满了，这与英格兰12月的气候倒是很相衬。其中最难过的人要算卡尔了，他又要重新适应孤独的异乡生活了。

　　门德尔松凄然地站在甲板上，任那刺骨的寒风吹翻了他的大衣领子。白色的羊毛围巾挡不住透入衣领的寒风，也裹不暖他的离情别意。

　　卡尔用力挥动着自己的白手帕，眼泪都在打转，这位热情的青年难过得几乎要哭了。当船驶往远处，水波无痕时，一切的离愁终将会恢复平静。

旅行与创作

同父亲访问歌德

回到柏林，门德尔松恢复了正常的生活步调，开始致力于他的乐曲创作与学术钻研。

1830 年初，柏林大学设立了一个新的音乐教授的职位，年轻的门德尔松被邀请前去任教，但是他礼貌地婉拒了。他给出的理由是自己"太神经质，太轻浮了"，以致无力胜任教职。其实，他的真正原因是即将到意大利旅行。

但是他的旅行计划还是被耽误了，因为他的妹妹瑞贝卡得了风疹。门德尔松家的成员彼此间的感情非常亲密，如今瑞贝卡病了，即使门德尔松留下来也帮不上什么忙，但也实在无法放心地离开，他想在妹妹生病的日子里天天见到她，所以迟迟未能成行。

1830 年 5 月 19 日，门德尔松陪伴父亲去了德国中部，在那里稍作停留后，又转往魏玛。父子俩还去拜访了歌德，这位素有"魏玛的太阳"之称的歌德大师以诗作表示了他对这位久别的"天才少年"的欢迎，歌德的家人也给予门德尔松最热诚的款待。

当时的门德尔松已是 21 岁的青年音乐家了，他鬈曲的头发优雅地覆盖在他高贵的额头上，他五官端正俊秀，仪表高雅出众，他的声名正与日俱增。此刻，他端坐在钢琴前，望着一排光洁的琴键，愉快地回想着往日的种种情景。

歌德大师已不再像当年那样硬朗，已是个 81 岁的老人。如果说他绚丽的一生是一首磅礴的交响曲，那此时此刻，所进行的已是最后的乐章了。曲子虽然将告终结，但那弹奏过的跳跃的音符早已沁入人心，永远地回荡在人们耳际。

歌德慈祥地要求门德尔松多弹几曲。当像溪水般多变的音符从门德尔松的指下流泄出来时，歌德闭上他的双眼，躺在高背座椅上，嘴角微微上扬，显出一副怡然自得的陶醉神情。

门德尔松弹奏的曲子，有他才完成不久的新作《升 F 小调幻想曲》。歌德一手握着门德尔松的手，一手拍着他的肩膀，对他百般嘉许。他告诫这个年轻人，音乐是永无止境的，要以宽大的胸襟虚心求教，并不断地努力鞭策自己向前，这样才能永远保持最佳境界。

门德尔松与父亲下一站去了慕尼黑，因为父亲要去那里交涉一些银行业务，他也得此机会观察、体验一下他父亲的生活方式，所以父子间也有了更进一层的沟通。门德尔松给范妮写信，报告他"社交上的成功"，他认为"社交生活是必然的"。

当时，姐姐范妮正期盼着能早日有个孩子，门德尔松了解她的心愿，便作了一首短短的钢琴独奏曲《无言之歌》寄给她。

当他去到林茨（奥地利北部的城市）时，给母亲写了封信，以轻松、自嘲的口吻述说他在旅途上种种微不足道的"小灾难"。

接着，他们路经维也纳，去普雷斯堡参加了裴迪南王子继位为匈牙利国王的加冕大典，然后又返回了柏林。

对任何一个人而言，旅行的经验是成长的酵素，能够增长见识，丰富生活内涵，尤其对于一个以创作为生命之源的青年艺术家来说，更是不可或缺的体验。这次与父亲同游的经历，似乎使得他们父子二人的情感更趋于亲密了。

过去，虽然他们彼此深爱着对方，但因为缺少沟通，彼此很难了解对方。旅行归来后，父子俩有了更深一层的默契。门德尔松生平第一次分享了父亲的理想和期盼，也了解了父亲内心的忧虑和彷徨。

以音乐为终生职志，是门德尔松与缪斯（缪斯是古希腊神话中科学、艺术女神的总称）之间永不相违的契约；而延续门德尔松一家的血脉、承继门德尔松家的事业，却是他与父亲及"门德尔松"这个姓氏间一份无形的承诺。他认清楚了自己的责任，也确定了自己的理想，他将竭尽所能地把未来的生命悉数奉献，至死方休！

美丽的威尼斯

1830 年 10 月 10 日，门德尔松在父亲的资助下，到了威尼斯。

蔚蓝的地中海，漂亮的南欧风光，对生长在中欧的门德尔松来说，是一种崭新的体验，他一眼就喜欢上这里了。

美丽的意大利半岛在人类文明史上占据了重要地位，它是文艺复兴的发源地，是造就伟大艺术家的摇篮。像达·芬奇、米开朗琪罗、拉斐尔，这些旷世艺术奇才，他们的成就与他们的地域、血缘是不可分的。

不说这些年代久远的人，就说 18 世纪末到 19 世纪初，乐坛上享有极高声誉的"歌剧大师"罗西尼和"小提琴魔术师"帕格尼尼，他们都是豪放、热情的意大利子民。

亚伯拉罕让儿子来到这里，他的用意很明确，就是想让儿子感受一下这里明媚的风光，见识一下丰富的艺术宝藏，以及淳朴、热情的民风，这有助于他创作生命的成长。

有个明智、多金的父亲做后盾，门德尔松自然是幸运的。在意大利这段时期的生活，无疑是他一生中最美好的回忆之一。每当涨潮时，他便雇一艘小船，在威尼斯的运河上遨游，任那夕阳染红了水面，也染红了他的眼。他以无比狂热的心情将他所见的美景记述下来。他看到提香（意大利画家）的作品《坟墓》时很受感动，愉快地写道："这里到底是意大利！我毕生认为最可能的幸运之事在这里展开了，而我正沐浴其中！"

门德尔松的心中荡漾着威尼斯的诗意，他体会到了真正的心灵的、文化与艺术的地域的浪漫气息，在这里，他写了一首抒情而充满深秋气息的《威尼斯船歌》。这首船歌与他过去的一些作品在感受上迥然不同。过去幸福、愉悦的气氛被感伤、忧郁、萧条的情绪所取代，这在门德尔松的作品中是很少见到的。

罗马的甜蜜回忆

门德尔松在威尼斯待了一段时间，便转道佛罗伦萨，前往罗马，并且从 1830 年 11 月 1 日起到第二年的 4 月 10 日，他都待在罗马。他自己还高兴地发现，在许多年前，歌德首次游罗马，也是在 11 月 1 日抵达的。

罗马的生活丰富而充实。门德尔松见到了意大利绘画作品的真迹，并为此震惊，因为他发现，他过去所见的竟然都是些赝品。他还遇见了许多当时的著名人物，有雕刻家、画家，还有一位外交官。在外交官家中，他顺利地加入了罗马音乐家们的行列，并成为其中一员。但是他还是摆脱不了心中的孤寂感，因为罗马不像伦敦，这里没有像卡尔那样的老友在身边，他心里不踏实，缺乏安全感，但他尽量试着去克服这些。

他的生活很有规律，但是晚起的习惯还保留着。他每天一起床，便开始一天的忙碌生活。他整理过去在苏格兰写的一些曲子的初稿。在罗马的这段时期，他不但把《苏格兰交响曲》《芬格尔山洞》重新写过，还开始新作了一首《意大利交响曲》。

见识越多，门德尔松的内涵就越充实，所表现出来的风度、气质也更吸引人。他的吸引力不仅仅是因为他结交了那些著名人物，他风度翩翩、气质高贵，也成了许多女性倾心的对象。他的时间大部分被工作占去，但是他还是得到机会邂逅了一位年轻动人的英国小姐约瑟芬·兰克。

他是她的音乐教师，教她弹钢琴，这个差事填补了他时间上的空隙，也填满了他心灵上的空虚。一个是22岁的青年，一个是15岁的少女，他们的爱情热情而纯洁。

约瑟芬是个英国富人家的小姐，她是个被宠坏了的鬼灵精，不讲道理，满脑子可爱的鬼点子，但她生性乐观、本性善良，在门德尔松眼中仍有无比的魅力。他教她钢琴和乐理，闲暇时间也与她一块游玩。在约瑟芬的鼓励和帮助下，门德尔松学会了新兴的时髦玩意儿——高轮脚踏车。后来两个人经常在早晨并肩骑车，追逐那绚丽的晨曦。

约瑟芬是个可爱的女孩，她为了解除门德尔松身处异乡的孤寂，经常用欣赏的目光望着他，称他为哥哥。所以每当门德尔松想要发展这段恋情的时候，想到她的话，便放弃了。门德尔松一直克制自己，维持她所谓的"兄长"地位。直到门德尔松离开罗马，他们之间这段微妙的感情也没有任何突破，只为他们的生命平添一段甜美的回忆罢了。

法国的友谊

1831年3月，法国音乐家柏辽兹来到罗马，他与门德尔松之间产生了一段短暂的友谊。

柏辽兹的一生似乎与音乐和恋爱脱不了关系。他在巴黎音乐学院念书时，就因喜欢莎士比亚的作品，而爱上了正在巴黎演出莎翁名剧的英国女伶艾丽叶塔·史密斯小姐。

但是史密斯小姐一直没有把这位血气方刚、名不见经传的小伙子看在眼里。即使后来他的作品《幻想交响曲》首演成功后，被人们喻为"天才作曲家"，她仍不予理睬。

柏辽兹的痛苦和哀伤可以预见，连《幻想交响曲》也是因她而作。失望之余，柏辽兹远赴罗马，希望忘记这失恋的痛苦。

柏辽兹随之喜欢上了门德尔松的音乐，并给他写了封信，宣称如果能认识他则是"无上的荣幸"。但这位疯癫有趣的法国人似乎常做一些自以为是的事。门德尔松受古典音乐教育与训练，他认为柏辽兹的音乐太过肤浅。他在给母亲的信上曾夸张地写道：

> 你说呀，亲爱的妈妈，那个叫柏辽兹的家伙的音乐真是个混乱的大拼盘，这与我的观点相差很大。
>
> 我相信，柏辽兹是真的想结婚。但我实在不能苟同他那冒失的盲目狂热，还有他在女士面前装出来的郁郁寡欢和意志消沉——这个喜欢用陈词滥调、信口雌黄的天才，如果不是个法国人，那些毛病就更让人难以忍受了。

虽然他对柏辽兹音乐的看法始终这样，但是他对柏辽兹的态度仍非常友善和体贴。他虽然年纪轻轻就获得了成功，而且万事顺遂，但他从来不骄纵，他善良的同情心滋润了他的音乐，使他流露出一股超凡的恬静和幸福感，也滋润了每个他遇见的人。他对当时一些同龄人都给予了不同程度的鼓励和资助，例如肖邦、柏辽兹，以及舒曼等人，都曾受惠于门德尔松。

在这时，他的《苏格兰交响曲》及《意大利交响曲》也已完成，他便立刻着手以歌德的诗《华尔布尔基之夜》为主题，谱写了一首同名的曲子。

1831年4月，他去意大利西南部的海港那不勒斯度假，回罗马稍作停留后便准备回国。他本来还计划到西西里去，但是他的父亲频频来信催他回去，他便打消了这个念头。后来他经过热那亚、佛罗伦萨到达米兰，在那里停留了一个星期。

门德尔松用最动人的笔调给家人写信，叙述了他在米兰拜访一些人的情景。鄂特曼夫人弹奏了两首贝多芬的奏鸣曲欢迎他，将军也很高兴，门德尔松则回报了一首《降B调三重奏》的弦乐部分。

在米兰的时候，门德尔松还遇见了莫扎特的儿子。他对这个人有着难以形容的喜爱，当然，这与他对莫扎特音乐的喜爱有不可分的关系。

离开米兰后，门德尔松径自去了瑞士。接着他去了慕尼黑，在那里稍作停留。

他决定在1831年10月17日举行一场演奏会，为此他匆匆写了一首《G大调钢琴协奏曲》。当天的节目除了这首新作的曲子外，还包括《C大调交响曲》和《〈仲夏夜之梦〉序曲》。

他应邀为慕尼黑剧院编写了一出歌剧，然后他途经法兰克福，在那里接获了妹妹瑞贝卡订婚的消息和韩瑞蒂姑妈的死讯。后来他又匆匆赶往杜塞尔多夫，与卡尔·尹莫曼商量歌剧的歌词。他们两人虽然一致同意采用《暴风雨》的故事，但门德尔松对尹莫曼的词不太喜欢，所以这事也就不了了之了。

1831 年 12 月初，门德尔松又去访问了巴黎。在那里他与凯鲁比尼（1760—1842，意大利作曲家）以及当时在巴黎享有盛名的梅耶贝尔（德国作曲家）、李斯特等人交游，并遇见了多年不见的好友希勒。但是，最令他感到兴奋的，莫过于与肖邦的重逢。

肖邦

这不禁让门德尔松想起几年前两人初次见面的场面：

门德尔松被花店后墙外传出来的豪放不羁、充满情感的音符所吸引，这和他以前所听过的演奏大不相同，甚至，非常高明。

"是谁在弹钢琴呢？"他问店主。

"是一个年轻的钢琴家，好像是个法国人，他的名字很像法国人。他看起来和你一样憔悴，我觉得他应该躺在床上休息。"店主说。

门德尔松迫不及待地把耳朵贴到墙上，屏气凝神地倾听了好一阵子。他渴望见一见这位钢琴家。

"他弹得不错吧？"店主说，并指了指墙上的一道小门，"从这儿能进去。"

门德尔松立即走进了那扇门，他立刻愣住了。

在台上，一位面容悲戚的金发青年正在纵情地演奏；

台下，稀疏地坐着一二十名观众，气氛有些沉重。

弹完了一首曲子，台下掌声寥落，但钢琴家对此似乎充耳不闻，停了几秒，便举起双臂，奋力地奏出了如雷鸣、如万浪排空般的乐章。

门德尔松听过几场感人的演奏会，但是从来没有感受过这种澎湃的气势。他觉得这位钢琴家绝对不是法国人，因为他那种惊涛骇浪般的民族情愫使他的表演如同与巨浪搏斗，召唤同胞为祖国效命一样。

琴音戛然而止，门德尔松疯狂地鼓掌，他的掌声震惊了在场的观众，也震惊了台上的钢琴家。钢琴家如大梦初醒，从琴凳上转了个身，面对鼓掌的人露出了疲惫的微笑。他起身向观众行了个礼后，便消失在了舞台的幕布后。

几分钟后，门德尔松来到阴湿的后台，拐弯抹角地找到了休息室。敲过门后，年轻的钢琴家过来开门。他穿着衬衫，汗珠从瘦削的脸庞上往下淌，潮湿的发丝紧贴在额头上，手上还握着一条毛巾。

这个人认出了门德尔松。"是您呀，请进，请进。"他似乎早就料到门德尔松会来。

门德尔松走进了陈设简单的休息室，并作了自我介绍。

"是作《〈仲夏夜之梦〉序曲》的门德尔松吗？"那人握着门德尔松的手，忘情地叫着，"天哪，这怎么可能？您知道那是一首不朽的杰作吗？它真是了不起，您可曾听过钢琴演奏这首曲子？"

"我弹过，但是比不上你。"

先前的疲惫一扫而空，年轻的钢琴家因过度兴奋而颤抖着。

"我们应该合奏的，"他说，"我还想向您请教几个部分的含义呢！我叫弗里德里克·肖邦，是个地道的波兰人，好多人一听我的名字，都误以为我是法国人呢！"

"这么说，你就是《C小调回旋曲》的作者喽？"这会儿，轮到门德尔松惊讶了。这反倒使得这位波兰青年感到有点不自在，他一脸羞涩。

这两位青年，一个生长在多难的波兰，一个是幸福的柏林富家子弟，他们因音乐而相识，并且彼此惺惺相惜，这次巧遇是一段永恒友谊的开端。他们在世事多变的时代里，虽然所经历的人生道路不同，但他们对音乐的狂热和执著自始至终都是相同的。

这次他们又相遇在了受七月革命的影响，街景萧条，四处都笼罩着一片愁云惨雾的巴黎。门德尔松在下午抵达巴黎，那是个凄凉的午后，天正飘着绵绵细雨，狭窄的石板街被马蹄踏响了，路旁咖啡馆的凉棚里了无人迹，车夫的鞭子声与吆喝声显得清晰、嘹亮。

马车停在一栋古老的五层楼房舍。门德尔松付完车钱，提起行李，径自走向了楼梯，上了顶楼，木板的梯子被他那轻快的脚步震得咯吱作响。

才登上二楼，门德尔松便听到了钢琴声。"哦，波兰舞曲？肖邦的琴声比以前更动人了。"他不禁面露喜色，飞快地奔上顶层的阁楼。门上有一张小卡片,上面写着娟秀的字迹:"弗里德里克·肖邦教授钢琴。"

乐声被敲门声打断了,过了好一会儿,房门轻启,门缝中探出一个头,满脸疑惑地往外望。突然门户洞开,随之而来的是一阵惊讶的欢呼声:"老天呀!是门德尔松,哦,请原谅我,刚才我还以为是房东呢……"肖邦不好意思地摇摇头。

他诚恳地邀请门德尔松同住。"这是你的床铺,"他指着一张沙发对门德尔松说,"虽然我很穷,但我保证你会住得很愉快,我做饭,你打扫,如何呀?"

"好哇,好极了,就这么说定了。"

这确实是间令人愉快的小屋,桃木家具虽然已经陈旧,但昔日的豪华景况却依稀可见,从五楼顶层能够眺望街景。巴黎是个人人都可自由自在地选择自己生活方式的地方,想做什么就做什么,不论哭笑,不论喜怒,绝对不会有人注意你的。

更奇怪的是,巴黎的艺术家很多,人数在世界上也居于首位。不论大街小巷,与你擦身而过的人,想必有三分之一以上是艺术家——当然,绝大多数是穷困、名不见经传、不得志的。

肖邦今夜要在家中举行一个小小的聚会。李斯特将要携伴出席。刚 8 点,就已高朋满座。有些人找不到多余的椅子,只好坐在地上,有些女客干脆坐在男伴的膝上。这真是个嘈杂扰攘的场合，每个人几乎都在说话，乍看之下，几乎没有一个人是听众。

肖邦弹了一会儿琴，便以一首波兰舞曲作结。接着，该李斯特上场。他弹了一段即兴曲，曲势变化多端，仿佛是由四架钢琴合奏的。这位"琴键上的魔法师"的魔力果然了不起。屋子里高谈阔论的每个人顿时安静下来，专注地望着他。他们的脸上显现不出喜怒哀乐的信息，但是仔细端详，会发现他们的目光似乎落在了遥远的地方，好像心事重重，又好像是心有所悟。

其中也有不少是流亡巴黎的波兰爱国分子，他们都是肖邦的同胞，肖邦的住处很自然地成了他们的聚会场所。此刻，屋子里不仅流露着浓厚的艺术气氛，更奔腾着强烈的政治意识。这一切，门德尔松看在眼里，不禁产生了一股悲悯的情怀。

声名日隆

1832 年，门德尔松失去了他的忘年交——著名的歌德。1832 年 3 月的时候，听到歌德的死讯，门德尔松陷入了深深的悲哀中。但是，他现在不仅仅是个作曲家，他在巴黎建立起了自己的声名，他是名人、演奏家及艺术家集会的组织者，这一切不容他有太多的时间去悲伤。

不久，巴黎流行霍乱，门德尔松知道不宜在此久留，便于 1832 年 4 月去了伦敦。

对他而言，伦敦真是个温馨的地方，那儿有他美好的回忆，他在信上这么写着：

> 但愿我能形容出我再度来到这里是何等的快乐，
> 我多么喜爱这儿的一切，我是何等的满足于所有亲切
> 的老朋友们的重逢！

以前，他在那不勒斯所发出的信上，就称伦敦为"那个多雾的窝巢将永远地成为我最心爱的居留之地"。这次造访，虽然没有上次那么轰轰烈烈，而且是短暂逗留，但他仍然玩得非常愉快。卡尔和阿特伍德当时都在伦敦，门德尔松还结交了一位叫豪斯里的朋友，以后他一直与豪斯里一家人保持联系。

在伦敦期间，门德尔松完成了《B 小调辉煌随想曲》的钢琴管弦乐演奏部分，全曲充满了门德尔松特质。这首明亮华丽的曲子正是他伦敦生活的写实。

还有一件悲伤的事，便是他的恩师策尔特先生于 1832 年 5 月 15 日去世了。这不仅让门德尔松失去了一位良师益友，也导致了柏林合唱学会指挥席位的空缺。

门德尔松一直无法肯定自己在伦敦的地位。他在巴黎的时候，就曾给父亲写信说柏林是全德国境内他唯一不被人们熟知的城市。现在他又出现了类似的心情：

我不知道我是该回柏林，还是继续留在这里。也就是说，在这里，我不知道在工作上是否能享有同样的便利和进展，就像其他地方所提供给我的那样。在柏林，我唯一熟悉的房子就是咱们家，我知道在那里我必然能得到真正的快乐。但是，我也必须知道我是以何种身份、立场在积极地做事。这些都是我回去时必须发掘的。

1832 年 7 月，门德尔松返回柏林。柏林合唱团正由策尔特的助手暂时管理，他与门德尔松之间因策尔特遗留下来的信件归属问题发生了摩擦，甚至演变到了对簿公堂的地步。

在 1832 年 11 月到 1833 年年底这段时间里，门德尔松再度在伦敦和德国西部的杜塞尔多夫之间往返。到伦敦去是为了主持音乐会，到杜塞尔多夫是去担任专职的音乐指挥，每年薪俸 600 塔勒。这项任命从 1833 年 10 月 1 日起开始生效，可是早在夏天的时候，门德尔松就得知了这个消息。对门德尔松的音乐家生涯而言，到杜塞尔多夫担任音乐指挥只是未来绚丽章节的首页，他期盼能开创出属于自己的天地。在这段时间里，他完成了《意大利交响曲》。

这可说是伦敦音乐会的成功，及他在音乐界的盛名所带来的丰硕果实。亚伯拉罕也抽空前去伦敦，分享了儿子的荣誉。他恬静、愉悦地在日记上写道：

今天早上9点40分的时候，太阳恰恰有了足够的力量将薄雾染上淡淡的黄色，空气中仿佛有熊熊大火所冒出的烟雾。

"真是个美好的早晨。"我的理发师说。

"是吗？"我问。

"可不是嘛，多么美好的早晨！"

至此，我才体会到美好的夏日晨光就是这样的。

1833年8月25日，门德尔松父子一行人返回了柏林的老家，亚伯拉罕深深地为儿子的成就感到骄傲。

此时，瑞贝卡已结婚，但还住在娘家，并于1833年7月生下了她的第一个孩子。小儿子保罗也在1831年去了一趟英格兰，返国后在约瑟夫伯父的银行里任职。因此门德尔松在前往杜塞尔多夫之前，正好可在柏林和家人共度一小段愉快的时光，重享许久以来未曾享过的家庭的温暖与快乐。

"群英"相会音乐节

1834年5月，门德尔松离开了杜塞尔多夫，前往亚琛参加一年一度的"下莱茵音乐节"，在那里很高兴又遇到了肖邦和老友希勒。希勒是一名演奏家，他和门德尔松早在

1822 年就认识了，是门德尔松最亲密的朋友之一。

门德尔松在 5 月 23 日给母亲写信，对这件事情有如下的描述：

> 当我到达时，突然有人冲到我的怀里，原来是希勒，他紧紧地抱着我，显得非常兴奋。他从巴黎来听这场圣乐演奏，陷于学习困境的肖邦也和他一起来了，大家又见面了。这次音乐节，我快乐极了，我们三个人住在一起，戏院中有我们的包厢，早上我们就埋首于自己的钢琴弹奏中。他们两人在钢琴技巧上，都有了长足的进步，就钢琴演奏家而言，目前肖邦可说是第一把交椅。他创造出新的效果（例如，持续音）就像帕格尼尼在小提琴方面的造诣一样。他甚至还完成了一些奇妙的作品，这都是前所未有的。希勒是个令人钦佩的演奏家，他充满活力而且很俏皮。我们三个人一起练习，相互改进。我觉得自己老气横秋的，因为他们都太孩子气了些。音乐节过后，我们一起去杜塞尔多夫旅行，在那儿度过了最愉快的一天。我们演奏、讨论音乐，昨天，我还陪他们到科隆。今天一早，他们就前往科布伦茨，和我说再见了！

1835 年 8 月，门德尔松应聘担任莱比锡布业大厅交响乐团指挥。在去莱比锡途中他先到了科隆，在"下莱茵音乐节"中指挥贝多芬的《第九号交响曲》及亨德尔的《所罗门》。

来到莱比锡，门德尔松发现这里的音乐环境比在杜塞尔多夫好，而且在这里，他觉得自己的心和巴赫更接近了，因为这里充满了巴赫的影子，巴赫曾在这里工作，并死在了这里。当时有不少欧洲著名的音乐家就住在莱比锡，门德尔松在这里结识了舒曼以及舒曼未来的妻子克拉拉·维克小姐。

舒曼虽然只比门德尔松小一岁，但是他的境遇却不像门德尔松那么顺遂，当时只是一个默默无闻的穷乐师。有一次，他拿了自己作的《降 B 大调交响曲》给门德尔松看，门德尔松毫不犹豫地答应在布业大厅的音乐会中演奏这首曲子，这让舒曼很感动。

这首曲子果然很快就被演奏了，观众反应很好，有人说，这是"自贝多芬以后最热烈的喝彩"。自此，舒曼才逐渐引起人们的注意。

一位年少得志的音乐家能有这种提携同辈的雅量，实在很难得，可见门德尔松的涵养是很高的。

在维克小姐家的音乐会中，门德尔松再度遇到了肖邦。这两位年轻的音乐家都

克拉拉·维克

深深地仰慕着对方的音乐才华，借着音乐的沟通，他们的心灵更加默契。或许就是因为有这一份默契存在，他们经常不期而遇。

这次的相聚，显然也很愉快。门德尔松在写给姐姐范妮的信上是这么说的：

亲爱的范妮：

我不得不说，你过去对肖邦的才华所作的判断是不公正的。他的演奏技巧很让我着迷，所以我相信你和父亲如果能听到他一些较好的作品，你们的看法也会和我一样。他在钢琴演奏中，常常流露出完美、纯熟的技巧。他绝对配被称为一流的钢琴名家，他的音乐风格简直令我欣喜若狂……能与一位真正的音乐家在一起，是令人愉快的。星期天晚上，肖邦让我为他演奏我的圣乐，有很多好奇的莱比锡民众偷偷地溜进我的房间，想一睹他的风采。在圣乐的第一部分和第二部分间休息的时候，他迅速地演奏了他新作的练习曲，还有一首新的协奏曲，让人们惊喜万分，然后我再继续奏完我的《圣保罗》……

后来他还演奏了一首相当可亲的新曲《降D大调夜曲》……我们在一起度过的时光很愉快，他告诉我，等冬天的时候他还会再来，到时候，我会为他演奏我的交响曲。

门德尔松除了私下为肖邦演奏他所作的圣乐《圣保罗》外，还在他的第一场正式音乐会上表演了《平静的海与幸福的航行》。

就在他沉浸在幸福中时，姐夫为他带来了一个不幸的消息——父亲猝然去世了。

亚伯拉罕虽然患有眼疾，几乎全盲，但是身子骨一直很硬朗，精神也很好。门德尔松不敢相信这是事实，他在1835年11月22日——父亲死后第三天，奔回了母亲身边。

父亲死得太突然了，就连最好的医生也说不出原因，这位银行家就这样平静无痛苦地撒手西去了。父亲是全家的支柱，他的离去让门德尔松家上下笼罩在一片愁云惨雾中。门德尔松一面安慰着悲恸欲绝的母亲，一面盘算着自己的未来。音乐已经和他的全部生命合而为一了，这让他无暇顾及偌大的产业，所以，他决定让弟弟保罗继承父亲的事业。

把一切善后事宜处理好后，门德尔松再度踏上了他的音乐之旅，继续追求他的音符和爱情。

追求爱情的青年

一见倾心

门德尔松又回到了莱比锡，他最大的愿望是早点把《圣保罗》修订完毕。

亚伯拉罕生前一直渴望儿子能创作出完美的宗教作品。这份期盼如今转化成了一股强劲的动力，后来门德尔松谢绝了一切交游，埋首在研究与创作中。

原来他希望这部作品能赶在 1835 年年底前在法兰克福首演，但是现在看来是不可能了。听说卡瑟琳—费莱茵乐队的指挥谢尔布勒身体不适，想请门德尔松前去代理。

这时，1836 年度的杜塞尔多夫音乐庆典活动已经准备就绪。1836 年 1 月的时候，门德尔松去莱比锡演奏莫扎特的《D 小调协奏曲》，群众反应热烈；在 2 月份他又加演了一场贝多芬的《第九号交响曲》；5 月他的《圣保罗》在杜塞尔多夫音乐庆典中备受赞誉，莱比锡大学也颁赠给他哲学博士学位。到现在，他在乐坛上的地位已是毋庸置疑的了。

在盛名和美誉的簇拥下，门德尔松去了法兰克福，指挥演出了一些有趣的作品，像亨德尔和巴赫的曲子。在这里最值得纪念的是短短六周的停留时间，他有一次不凡的邂逅，并就此展开了一段美好的机缘。

这好像是小说中的情节,但是却真实地发生在了生活中。门德尔松抵达法兰克福一个星期后的一个早上,经过上午的紧张的排练,午后他去大街上闲逛,欣赏那里的风土人情。

那天是个亮丽的日子,天空蔚蓝,没有半朵云彩。他漫不经心地望着法兰克福特有的建筑,浏览着商店橱窗里的摆设。他感觉奇怪的是在这全城最热闹的街上,居然格外的安静。

他在一家古董店前看了一会儿,那里展出的东西很有趣,但是他发现映在玻璃上的一张脸是他所见过的最迷人的,他忍不住多看了一眼,但是,一刹那,影子一晃,便不知去向了。

他急忙回过身,发现那女郎正由一位女仆模样的妇人陪伴着穿过对街。

门德尔松不由自主地一阵发慌,急忙追上前去,还不小心撞了一位老妇人。

"噢,对不起,夫人,"他边跑边回头,"我就快来不及了。"

他连马路上穿梭的马车也顾不上了,紧跟上去。他看见她和身旁的人亲切交谈,姿态优雅,面容姣好,真是个美人儿,年龄应该不超过18岁。

他很兴奋,但是转眼又变得忧郁,"她嫁人了吗?"他的脑子里不断闪现出疑问。

这时,她消失在一家商店的门后,门德尔松没敢跟进去,便守在街角。

他靠在墙角上，拉低了帽檐，晃动着手杖，时而四下张望，时而仰望天空，借此来掩饰自己盯梢的举动。

他清楚地听到自己的心跳声和呼吸声。

"唉，怎么搞的？"他对自己的情况感到无奈，"怎么还不出来，该不会从另一扇门走掉了吧？"越想越心慌，他开始变得不知所措。

最后终于有人推开门了，她正盈盈浅笑，露出了珍珠般的牙齿。一位店主模样的人送她们出来，满脸笑意地说："谢谢光临，小姐。"

那人称呼她小姐，显然她还没有嫁人，因此他心中的大石放下了。

她愉快地笑着说了声再见，便和女伴朝着门德尔松的方向走来。他生怕被识破，便转身走进街角的花店，假装买花。一位胖胖的妇人上前来打招呼，他随意拿起一朵黄玫瑰，等不及找钱就匆匆地追赶出去。

他尾随着她们穿过大街小巷，越过一个宽敞的小广场，并远远地看着她们走进了一栋高大的宅子。他徘徊了一会儿，小心地走近去看，赫然发现门边的墙上挂着一块写有"让勒诺"三个大字的铜牌。

这时候，在他头上不远处，二楼的一扇窗户被打开了，他看见她脱掉了帽子，缎子般的金褐色秀发自然地披散在她的肩胛上。她站在窗口好一会儿，然后就消失在神秘的帘子后面。

门德尔松的心飘起来了，望得出神了，他几乎忘记了自己的失态。等他回过神来，心中不禁泛起一股急迫、渴愿、无奈交织而成的落寞感，他不知该如何是好。他缓缓地走到屋子对面公园外侧的公共石凳上坐下，脑子里闪现出各式各样的幻想。

他想象着她已经有了心上人，他想自己这次恋爱一定会失败，突然感觉全法兰克福都为他悲伤起来。但是不一会儿，他又成了最幸福的人，他获得了美人的青睐，他们翩然共舞、含情互视，她答应了他的求婚，成了他的美眷，然后……

忽然，琴声响起，原来她是个演奏家，将来，他们一定能一起坐在钢琴前，共同创造美好的乐章。但很快地他又不这么想了，几个错误的弹奏使他的美梦化为泡影，让他浑身不舒服，可怜的莫扎特啊，她竟如此对待你的小步舞曲！

他百般为自己辩解，最后他得出结论，自己并不需要音乐家来当终身伴侣。谁会娶个音乐家当妻子呢？一个家庭里有一个音乐家已经足够。

在一个唐突、不和谐的和弦之后，小步舞曲戛然而止。这对他而言，既是解放，也是痛苦的开端。此刻，她不在钢琴前面，会在哪里呢？好在他们相隔得并不远，虽然不知道她在何处，但他断定他们所呼吸的空气是一样的。只要有这么一丝关联，他就满足了。

他这时还是不想离去，端详着房屋的外貌，他感觉出它庄严得像座教堂。那美人儿也像教堂一样严肃吗？

想着想着，突然有名壮汉出现在他身旁，是位警察，那人的眼神已经说明了他的身份。

"我注意你好一会儿了，"警察说，"显然你是外地人。你在这里坐了很长时间了。"

"我听说法兰克福是个自由的城邦，法律禁止坐公共椅子吗？"

警察似乎在思索这个问题，他不断地捋弄着胡子。"你干吗老盯着那房子？"

"因为它就在我眼前。"

这可触怒了警察，他的脸色呈绛红色，鼻子上的青筋清晰可见。"我们法兰克福不喜欢有人偷窥别人的屋子，你最好走开。"

"我爱坐多久就坐多久，"话刚出口，门德尔松就知道错了，赶快扭转话锋，"这里是难得一见的美丽广场，你知道我最喜欢这儿的什么吗？"

警察把原本已经放进嘴里的哨子又拿出来，然后愣在了那里。

"我很喜欢你们的巡防办法。这样让我有种安全感，因为我知道有人在保护我。可是在柏林，我就是从柏林来的，可没这么好，"见警察的神情已缓和不少，门德尔松更加卖力地继续说下去，"即使市民整天都坐在马路边，也难得有人搭理。"

"嗯，你可知道这里是高级住宅区？"

"当然，以这屋子为例，"他指着让勒诺家，"只有最高尚的人才配住这房子。"

"那可不是住户，"警察笑着说，"那是一座教堂。"

"教堂？"门德尔松很不解。

"是啊，法国革新教派的，很有历史。他们用法文祈祷，用法文传教，用法文唱诗。里面有个美丽的圣堂，"警察指了指二楼，"上面是牧师住的地方。"

"真有趣，刚刚有位年轻的小姐才进去……"

"你是说长得很美，和一个提着篮子的胖妇人一起进去的小姐吗？那是塞西尔小姐和女管家。当她还是娃娃时我就认识她了。她和她母亲住在一起，真是位好女孩，只是有点冷漠。"

"她父亲呢？"

"她父亲早就过世了。只要告诉你一件事，你就知道他是多好的人了。咱们法兰克福的人是不喜欢送葬的，但是参加他葬礼的人有三百多，不只是他们教会的人，还包括其他所有的教派……"

门德尔松已经听不下去了，他满腔的热情与痴想顿时离他而去。

他是最忠诚的犹太教徒摩西·门德尔松的孙子、亚伯拉罕·门德尔松的儿子，居然无可救药地倾心于法国革新教派牧师的女儿，而且是一见倾心！

这是个大问题，这让门德尔松去参加罗切斯特家的盛宴时还眉头深锁。

门德尔松变成了一位忧郁的青年，在他的脸上可以看到肖邦的神情。

在庄严、宽敞，并不十分豪华的饭厅里，这个欧洲最大银行家族的三兄弟正愉快地谈论着父亲老罗切斯特对他们兄弟的调教方式。

他们和亚伯拉罕都是犹太圈内最坚强的一员，彼此素有往来，因此对他家的孩子也照料有加。尤其是长兄亚姆契的妻子伊娃，她是位慈祥、和蔼的妇人，她气质高雅，虽然面貌不是绝美，但极具吸引力，众人谈笑时，她体贴地发现门德尔松有心事。

"你还好吧，门德尔松先生？"她看到门德尔松嘴角上挂着落寞的微笑，心中不忍，不禁问了一句，"你有心事？"

"你难道看不出来吗？"亚姆契说，"他一定觉得法兰克福像个大坟场，恨不得马上离去。"

"正好相反，"门德尔松猛堆笑容，极力辩白，"我觉得法兰克福气象万千，是个极具吸引力的地方。"

"嗯，变得可真快！"亚姆契一手搓着微白的鬓角，慈祥地打量着门德尔松。他的兄弟们也是相同的表情。

"亚姆契，你难道看不出这位青年心中有烦恼吗？"伊娃像母亲一样望着门德尔松，"你有什么事，可以放心地说出来，相信你的朋友。"

门德尔松低头沉思片刻，当他再抬起头时，众人的眼中已不带玩笑的意味，他们关心地注视着他。

"我爱上了塞西尔·让勒诺。"

门德尔松小心、冷静地说出来。她说得对，要相信朋友。顿时，他热血激昂，胸口胀得发痛，必须要一吐为快。

"不管怎么说，我要她也爱我，甚至嫁给我！"

他话一说完，就感到很轻松，他在猜测，眼前这几个人会赞同他娶个不同信仰的人吗？

果然，大家都沉默了，三兄弟似乎各有心事，他们都不看他，连伊娃也望着桌角。

摩西·门德尔松的孙子要娶基督教徒，从此，他们的犹太血统将不再纯粹，门德尔松家族将不再是坚强的圈内人了，基督教将侵蚀他们的后代。

"塞西尔·让勒诺，"亚姆契喃喃地说，"她是苏塞的外孙女，"他对弟弟们说，"此人是本城的巨贾。"

"我只知道她父亲是法国革新教派的牧师，她现在与母亲住在一起。我对她的一切都不清楚，我们连话都没说过。昨天在街上遇见她后，我便坐在她家对街的石凳上，只希望能多看她一眼。"门德尔松慢慢地说出了自己心中的渴愿。他不知道眼前这些见过大世面的商人是否会觉得他幼稚，但是他们表情认真，一丝嘲笑的神色都没有，或许经验告诉他们，爱情是唯一能与金钱相提并论的伟大力量。

"你凭什么认为自己爱上她了？"伊娃问。

"我也不知道，反正就是……就是情不自禁……"

"她是很美。"伊娃一边点头一边沉思。

"的确,但也不完全因为这个,"门德尔松如梦呓般低喃,他的眼光投向远处,说,"这种感觉实在很微妙,我知道如果我说出来,连我的家人都很难理解,尤其是我的外婆,她很可能永远都不会理我了。"

"这怎么可能?"伊娃说。

"你不知道,我的外婆曾因为我舅舅改信基督教,将他逐出了家门。"门德尔松停顿了一会儿后坚定地说,"我想娶塞西尔,如果她愿意嫁给我。"他环顾四周,希望获得赞同。

三兄弟默不作声,但伊娃却例外。好心的伊娃说:"我一定帮你这个忙。"

亚姆契用无奈的眼光望了望妻子。女人总是容易感情冲动,她甚至还没弄清对方的身世、背景。"我刚才说过塞西尔的外祖父是本地的富商,他的儿子是银行家,还是本地的议员。他的女儿,也就是塞西尔的母亲,16 岁时爱上了一位年轻的瑞士牧师。老苏塞不赞成,他不允许女儿嫁给一位穷牧师,便把她送到意大利,希望她能忘掉那个穷小子。但两年后,她回来了,还是坚持要嫁给让勒诺牧师。让勒诺牧师也是很出色的青年,可惜婚后大约四五年他便去世了,留下了两个女儿,塞西尔是老二,现在大概有 16 岁了。"

"怎么还没嫁人?"伊娃说。

"全法兰克福的青年都喜欢她,我想,大约有一半人都爱上她了。"银行家对妻子说。

"这么说，门德尔松先生，你要作好应战的准备了！"伊娃对他满怀信心，她似乎已看到了美好的未来。

"我想再见她一面。"这是门德尔松迫切希望的。

经热心的罗切斯特夫人游说、奔走下，苏塞议员同意举办一次盛大的舞会，以便减轻这位远道而来的青年心中的痛苦。

展开攻势

舞会当天，豪华的大厅里烛火辉煌，舞影婆娑，大凡法兰克福上等家庭的未婚子女，都在家长的监护下参与了这个盛会。

门德尔松由罗切斯特夫人陪伴着，很早就抵达了。他的心在怦怦跳，脸儿微红，呼吸急促，他满脑子都是塞西尔的影子。在主人的引介下，他会见了让勒诺夫人和塞西尔小姐。

让勒诺夫人看上去不过 30 多岁，风姿绰约，举止优雅，门德尔松禁不住地幻想着让勒诺牧师的模样。到底是怎么样的一位穷牧师，才能让这位美丽多金的女人为他奉献一切呢？

塞西尔如同一颗晶莹剔透的宝石，她的光芒让他不敢多看几眼。她的眼睛炯炯有神，除了柔媚外，还有智慧、狡黠的神情，难道她已经知道了他的心思？

与塞西尔进入舞池，门德尔松几乎感觉到幸福之神的降临，顿时，他看不见周遭的一切，听不见人们的交谈声。他的目光不断地在塞西尔脸上搜索着，好像希望她善解人意的心能体会到他的心意。

"你跳得真好，塞西尔小姐。"门德尔松低语着。

"谢谢你，门德尔松先生。其实，你也很好，不过你离我太近了。"

"哦。"他立刻放松，心想，她难道不了解自己的想法？门德尔松不禁感到有些失望。

"我倒无所谓，但是让我母亲看到不好。这儿不是柏林，门德尔松先生。"

"你怎么知道我来自柏林，我们不是刚认识吗？"

"我知道很多有关你的事，"她真诚地说，"我很小的时候就听说了你的大名，只是，我一直把你想象成一个暴躁的老头儿。哦，门德尔松先生，你又太近了。"

"抱歉，我又忘了。那你现在觉得呢？"

"我不想告诉你我在想什么。"

"这又是为什么？让勒诺小姐。"

"因为我对你并不了解呀。"

她并没有避开他的目光。她的眼神深沉而具有玩笑的意味，脸上也挂着一丝神秘的微笑。天哪，他竟然看不出这个比自己小 10 岁的女孩儿在想什么，多令人伤心！

"你好像有心事，能告诉我吗？"

"是的，你说得没错，"他在她耳边低喃，"我感到沮丧、愤怒、烦躁不安，但有时候又快乐无比，像是在天堂，又像是在地狱。唉，可惜我对你认识得还不够，所以不能把烦恼告诉你。"

"哦，可怜！"她低声叹道，她笑了，这是他听过的最美的声音。她那平滑细柔的颈子颤动着，极具魅力的晶亮眸子放射出光彩。"等我们多认识一些时日，再好好谈谈彼此心中的想法，好吗？"她说。

"但愿不会太久，因为我可能很快就得离去了。"

"我知道，你是应聘担任卡瑟琳—费莱茵乐队的指挥。"

他感到高兴，因为她几乎全知道，但是让他感到奇怪的是她没有表现出任何的谦恭与羡慕。"你好像并不关心。"他说道。

"谁说的？"她又是一脸狡黠的娇笑，"我喜欢音乐，而且我还弹琴呢……"话说到一半，音乐戛然而止，她急忙推开他，双颊一片霞红。

当他请她跳下一支舞时，她没有答应，并且翻动着手腕上的小记事本，说她已经答应了别人的邀请。

"那么，再下一支舞呢？"是略带恳求的声音，这让门德尔松不禁痛恨自己，"想必你又答应别人了。"他存心讥讽地说道。

"事实上我是答应别人了，"她一脸天真，"不过，我可以给你下一个机会。"

看门德尔松不作声，她温柔地问道："需要我为你保留吗？"

她眼中的温柔神色让门德尔松不禁飘飘然喜形于色，他的神情表达了他的心愿。四目交接，他们彼此露出了会意的笑容。他们慢慢地走向餐桌旁，端起香槟啜饮着，并谈一些无关紧要的话题，故作自然姿态，因为，身旁的几位妇人已经开始注意他们了。

"喜欢法兰克福吗？门德尔松先生。"她故意放大音量，以让那些妇女们听到。

"很难说，让勒诺小姐。有时候我真希望看到它渐渐地陷落而永远埋在地底下。"

她笑了，笑得很甜。"你真是个感情丰富的人。"没等他开口，她就接着说下去，"你去过我们美丽的教堂吗？我们教堂的主钟可得要 16 个大汉才能拉得动。"

"真有意思。事实上，我还未曾正式拜访贵地。"

"哦，这些日子你都在做些什么？"

"坐在石凳上呀，还有……"

乐声再次响起，塞西尔被另一位英挺的青年邀请去跳舞了。这时，一股妒意袭上心头，门德尔松恼怒的目光紧随着她打转。渐渐地，恼怒转变成浓浓的哀思愁绪，他几乎要心碎了。

等舞曲结束后，塞西尔回来跟他说话，他冷冷地说："你似乎玩得很开心。"

"是啊，我喜欢跳舞，这地方很难得有舞会。"

"你真是善于利用机会。"

"不应该吗？"她满脸天真无邪的神色，这让他很伤心。

"谁说应该？我讨厌那些家伙占用你的时间。"他几乎要冒火了。

"假如没人邀请我，那岂不是更糟？"柔柔的音调，像是在撒娇。

"我是说，咱们能找个地方坐下来谈吗？"他软化了，满腔柔情尽在瞳眸中。

"噢，别这么看我，大家都注意着呢。"

"我不管。"他任性、霸道起来，直接问，"我什么时候能去看你？"他的口吻强硬，带有几分威胁。他管不了那么多了，当机会溜走的时候，说什么也来不及了。

"在你离开前，到我家来吧！"她怯怯地瞥了他一眼，"可是，你知道我家吗？"

"明天可以吗？"

他的心急让她莞尔一笑。"不，太快了，人家会说的。"

"那后天？"

"还是不行。"

"好了，那就大后天。还有三天呢，让勒诺小姐。"

塞西尔面露难色，毕竟法兰克福是个民风保守的地方，但是她的眼神和悦，带着几分温柔的神情："不过，好吧，哥德广场8号，后天下午。如果找不到的话，请记住，屋子的对街有一排公共石凳。"

刚说完，还没等他反应过来，她便一溜烟地跑掉了。

那天午后，门德尔松果然在3点整，衣着讲究、执金头手杖翩然来到让勒诺府的大门前。

等了一会儿，那天陪塞西尔上街的妇人打开了门。她严肃地上下打量着这位陌生人，然后领他穿过门厅，来到宽敞的会客室。

会客室里的家具古意盎然，地毯厚厚的，一幅幅家族画像和苏塞议员家极相似，且极具地方色彩。他刚刚坐定，另一扇门开了，让勒诺夫人走进来，含笑招呼来客。她的举止和缓，让人感觉很亲切。

"门德尔松先生光临，真是荣幸，不巧小女有事出去，很快就会回来。"说话时，她的目光在门德尔松身上不断地游走打量，并背着窗户坐下。她让他坐在自己对面，或许在阳光的照射下更容易看清一个人的真面目。

面对这样一位细心的"主考官"，门德尔松不得不提高警觉。他们从法兰克福的建筑开始谈起。这位训练有素的"应试者"极力赞美法兰克福为全欧洲最美丽的城市。

后来让勒诺夫人问眼前这位青年喝茶还是喝其他饮料，或者是一杯葡萄酒，门德尔松说要一小杯葡萄酒，这让妇人很满意。因为她一直最遗憾的就是塞西尔没有出生在德意志，她对门德尔松说她的第二个女儿是在不得已的情况下出生在法国里昂。

她简单讲述了她和让勒诺牧师的婚事，并提到了塞西尔两岁丧父的不幸。她说："从此我就母兼父职。"

门德尔松也忙不迭地称赞让勒诺夫人的伟大及教育的成功。

"我努力教导她们成为淑女。"让勒诺夫人说，"现在的社会里，有教养的女孩太少了。"

"您说得太对了，夫人，"门德尔松频频点头，"这是我们这个时代最危急的信号之一。"

接着，他们又谈论了有教养的女子所应具备的美德。当谈话接近尾声时，女主角终于出现了，门德尔松顿时感到一股热流直往上冒。

她一边摘下帽子，一边道歉回来得太晚了，并坐下来顺手拿起一小块饼干放进口中。

这时，让勒诺夫人忙说有事必须外出。临走前，她和善地说："希望你回柏林之前我们能再见面。"

赢得美人心

门德尔松感觉夫人已经认可、接纳他了，这是个好的开始。

"这两天你在做些什么，又盯谁的稍啦？"母亲离开后，塞西尔漫不经心地问。

"什么意思？"他差点把口中的葡萄酒喷出来。

"昨天我们上街没看到你，我想你大概盯别人去了。"

他惊讶地看着她，一时说不出话来。

"你知道我跟踪过你？"他总算开口了。

"那可不。"塞西尔回答。

"你怎么知道是我？那可能是别人。"

她笑了。"在你还没来以前，全法兰克福的人就知道了你的大名。再说，像你这样的外地人可不是天天都有的，当我看到一位外地人，穿着华丽、执着手杖，我就猜到是你。"

"而你却不屑一顾。"他抱怨地说。

"是吗？我看了你好几眼，只怪你当时太忙了，没注意到。"

"我不同意你的说法。现在不谈这个，我可以问问你对我的看法吗？"

"你和我料想中差不多，高傲、被宠坏、眼睛不安分、口袋里钱太多。"塞西尔慢慢地说。

"谢谢你，"他有点不高兴，冷冷地说，"你还算坦白。"

"嗯，果然是被宠坏的孩子，以后再看到你坐在石凳上……"

"你看见啦？"好可恶的女子，门德尔松真想找个地缝钻进去。

"当然。我在卧室的窗帘后面看到的，没想到吧？"

"你以为呢？"他简直泄气到了极点。

"我以为你是个有耐心、好脾气的人，有时候我真为你感到抱歉，我本来想下去安慰你。"

"你真体贴。为什么不呢？"

"因为那么做并不妥当，我们法兰克福可不比别的地方。可是，我为你弹琴了呀。"

门德尔松想起那天的小步舞曲，简直惨得不忍卒听。"你要知道，如果想让你的琴声通过男人的耳朵到达他们的内心，那恐怕你就嫁不出去了。"

"我知道你嫌弃我。"她绝望地笑笑。

"我觉得我该好好教你上几课，愿意吗？"

"我必须问妈妈。"她虽没马上回答，但是她的目光中带有赞许。

塞西尔的性格不像她母亲那般爽朗，比较含蓄，也爱逃避，但她俏皮迷人，极为感性，脾气很好，这些都是门德尔松所喜欢的。以前，他注意到的只是她的美貌，如今，感受到她性格上的优点，门德尔松越发珍爱她，他要让她成为自己的妻子。

他相信，有志者事竟成。所以，他成了让勒诺夫人家一位勤快的探访者，既陪让勒诺夫人聊天，又教塞西尔弹琴。来自柏林的 27 岁富有音乐家经常出入让勒诺牧师府的事情很快传遍了法兰克福，不少人甚至认为他对成熟、貌美、看来仍然年轻的牧师遗孀感兴趣。

在罗切斯特夫人的祝福和鼓励下，门德尔松和塞西尔的恋情正在隐秘进行。门德尔松很痴情，这是他生平第一次真正地恋爱，自始至终，他都谨慎行动，没有像莫扎特、贝多芬、柏辽兹等人那么狂热和激动，他把柔情蜜意，透过理智，慢慢提炼、萃取，缓缓地送给对方。他知道离别的痛苦，却仍然希望和她暂时分开一个月，来考验自己的感情。他给瑞贝卡写信说：

> 在我的生命中，从来没有过如此奇特的经历。我陷入了狂热的恋爱中，这是我从未体验过的，我都不知道该如何是好了。明后天我要离开法兰克福，我觉得这犹如生命一样重大。
>
> 总之，在去莱比锡之前，我必须要再去看看她。但我还是不知道她是否真正爱我，我也不知道该怎样让她爱上我。但是我知道的是：到了这把年纪，我才第一次体会到一个女孩子赐予我的真正幸福。现在我觉得自己活得充满希望，虽然离开她会让我痛苦，但我必须这么做。

在他决定离开的前一天，门德尔松又来到让勒诺牧师府拜访。他按照往例，先与让勒诺夫人话家常，还谈到了塞西尔琴技进步的情况。后来让勒诺夫人宣称有事，独自回到房里去，师徒俩便在起居间开始上课。

今天，两人似乎都无心上课。

门德尔松有满腹的离情别绪，他坐在钢琴前，即兴弹奏，塞西尔站在他身旁，显得心事重重。

"我明天就走了，"他终于开口了，"但是我不想离开你。"声音消失在广阔的空间里，犹如投石入水一般，宁静却余波缓缓。

她站着不动，"我不要你离开我。"她呢喃着，眼眶里泪光闪动。

琴声戛然而止，他拥她入怀，一股锥心的刺痛在彼此心中传递着。

门德尔松终于确定塞西尔是爱他的，她不想离开他，不想他走，他的努力追求终于赢得了女孩的芳心。

门德尔松暂别法兰克福，除了在塞西尔小姐心中激起了阵阵涟漪外，也在法兰克福人心中留下了永恒的音符。他在卡瑟琳—费莱茵乐队指挥演奏巴赫及亨德尔的作品，并再度拜访了罗西尼。

当时，希勒正好住在法兰克福，拜访罗西尼的事情就是由他安排的。门德尔松再度会见罗西尼的详细情况已经无法考证，唯一知道的就是双方谈得并不十分愉快。

在法兰克福的快六个星期的日子里，门德尔松收获丰硕，在前往另一个城市的途中，他迫不及待地向母亲传报捷讯。他在给母亲的信上写道：

> 下回，当我与这位可人儿再次见面时，一切的不安就不存在了。到时候，在某些方面，或者说是所有方面的事物能否互相串联成稳固的关系，就定可一目了然了。

现在他的心情已经很笃定了，因为他确定他们之间的情感是海水也冲不去的。他已下定决心，一定要把这位女孩娶回家。

一个多月后，门德尔松愉快地回到法兰克福，征得了塞西尔和让勒诺夫人的同意，在 1836 年 9 月 9 日与塞西尔举行订婚仪式。

首先得到喜讯的是老门德尔松夫人：

> 我刚刚回到房里，如果不提笔向您报告塞西尔·让勒诺已答应嫁给我的事情，我什么事也不想做。我现在的心情正在为今天发生的事激荡不已。现在已夜深人静，我没法再作更详细的说明，但还是要向您报告不可。
>
> 我太快乐、太幸福了。如果可能的话，我明天会再给您写一封长信，而且我的未婚妻也会写信向您问安。

终成眷属

亚伯拉罕曾经说过，像门德尔松这样连歌剧歌词都要精修细改、吹毛求疵的人，恐怕很难讨到老婆，如今门德尔松在 27 岁找到了心爱、美丽的妻子。想到这里，老门德尔松夫人不禁莞尔一笑。能够了结亡夫生前一桩最大的心愿，她感到很愉快，所以老门德尔松夫人也顾不得这未来的儿媳是不是基督徒了。

1836 年 10 月 2 日，门德尔松赶回莱比锡，指挥了布业大厅音乐会的演出。门德尔松订婚的消息传遍了莱比锡，所以在 1836 年 12 月 12 日的演奏节目当中，他刻意把贝多芬歌剧《费德里奥》第二幕终场的"喜获美妻"安插进去。当演奏进行到这首曲子时，全场的听众都会意地报以热烈的掌声。

幸福的掌声久久不绝，门德尔松沉浸在欢愉、兴奋的气氛中。后来他坐在钢琴前面，与乐团一起弹奏这首曲子。他的神情陶醉，心都飘起来了，飞到了法兰克福，飞到了塞西尔身边。

这位准新郎官简直兴奋极了，他说这是"不能用语言形容的幸福"。

"我都不知道该怎么样表达我的喜悦。"他给瑞贝卡的信上这么说，"我词穷了，简直像个哑巴。"

就在这时候，《圣保罗》也在英国的利物浦首度公开演奏，在英伦海峡的彼岸造成了极大的轰动。

当圣诞节来临时，门德尔松急忙赶往法兰克福，奔向塞西尔身边。经过几番分离的考验，他们发现彼此的感情更坚定、深厚了。门德尔松有一首作品叫《无言之歌》，就是为塞西尔作的。

此时，卡瑟琳—费莱茵乐队送给他一幅塞西尔的画像，但这群朋友们的好意并没有收到预期的效果。门德尔松在给妹妹瑞贝卡的信上抱怨说：

> 朋友们送给我一幅塞西尔的肖像，但这幅画引起了我对作者的气愤。他把塞西尔画成了一个过度修饰的庸俗女人，这个差劲的画师根本画不出模特身上所散发的诗一般气质。

1837 年 3 月 28 日，这对有情人终成眷属。婚礼是在法兰西新教教堂举行的，行过礼后，他们便去蜜月旅行了。

门德尔松和塞西尔在两个月的蜜月旅行中，一起记下了蜜月的日记。可惜的是，日记的内容一直不曾公开，否则我们对门德尔松的婚姻生活会有更深刻的了解。

这对新人在弗赖堡逗留时间最长。在此地所寄出的一封信上，门德尔松这样叙述：

> 所有的一切都如此愉快，你一定能想象得到。一到午后时分，我们就徜徉在暖和的阳光下，有时驻足远眺，有时谈论未来。我心里的感激之情油然而生，我感觉现在我是世界上最幸福的人了。

在给另一个朋友的信上，他写道：

你知道，我和爱妻塞西尔来这里是进行蜜月之旅的。六个星期很快就过去了，我们已经是一对老夫妻了。虽然有很多事情想告诉你，但却不知如何下笔，所以有些事只好由你自个儿去想象了。但是我并没有乐昏头，相反地，我经常能保持平静与稳定。有机会的话，我一定要把塞西尔介绍给你认识。

就在蜜月期间，门德尔松完成了一首《E 小调弦乐四重奏》，还有一些是为塞西尔作的、未公开过的轻快小品。

家庭幸福的指挥家

新婚后的成功

门德尔松与妻子塞西尔的感情特别好，但是他并没有沉醉于新婚的甜蜜中，忘记他的音乐。初夏的时候，他们回到法兰克福并接到了英国方面的来函，《圣保罗》将在 1837 年的伯明翰音乐节演出，所以门德尔松必须在 1837 年 7 月 24日以前离开德意志，越渡英伦海峡。不过这次分离让这对恩爱夫妻很难耐，门德尔松写给好友希勒的一封信上显露出了他的愁绪：

> 这里的浓雾令人难挨，妻子不在身边。我给你写信是因为前天你在信上如此要求，否则，我大概就不给你写了。与塞西尔分开已经九天了，开始的那几天尽管感觉无聊，但还可以忍受，但是此刻我已跌入伦敦的大混乱中。这里的差距太大、人太多，我的脑子里塞满了生意、利益与金钱的事，这些已开始变得让我难以忍受。真希望此刻我是和塞西尔在一起的。

过去他来到伦敦有朋友卡尔可以安慰他，现在他只想着能回到塞西尔身边。不过没多久他就忙起来了，忙着指挥排练《圣保罗》，并负责风琴的弹奏部分，及开始构思其毕生杰作——神剧《伊利亚》。

1837年9月12日，《圣保罗》由神圣和音团担任演出，这让虔诚的伯明翰人感动异常。就在演出后没几天，门德尔松便离开了伯明翰。

这个音乐节正如所料，是门德尔松个人的空前胜利。他不但是个作曲家，还是位演奏家和指挥，并且演奏了巴赫的神剧《圣安妮》的序曲、一些风琴遁走曲，以及《马太受难曲》中的几个乐章，这些都满足了伯明翰居民对音乐的狂热需求。

音乐节过后，门德尔松回到伦敦时，收到了神圣和音协会赠送的一只鼻烟盒。接着，他途经法兰克福返回莱比锡，正好赶上1837年10月1日该季的首场演奏会。

塞西尔这时已经快要做妈妈了。丈夫事业顺利，家庭生活美满，她是个快乐的小妇人，多了一些少妇特有的风韵，笼罩在一种将为人母的喜悦与满足中，她容光焕发。

"怎么不点蜡烛？"塞西尔轻轻地问正在沉思的门德尔松，"你在黑暗中做什么？"

"省钱呀，"门德尔松发出长期奔波后的疲惫之音，"一个乐队指挥薪俸微薄，蜡烛又如此昂贵。"这是他惯有的玩笑口吻。

这个年轻的小妻子可不依，她嘴里嘟哝着，像个饱经世事的妇人。她正要准备拉铃唤人，门德尔松阻止了她。

"别管它，到这儿来。"他说着，并将她拉了过来。他端详着她美丽的脸庞，夫妻二人坐在一起开始打情骂俏。这是任何一个幸福的家庭不可缺少的佐料。

塞西尔还是一位烹饪高手，她能用最平常的材料烧出可口、诱人的菜色。塞西尔用美食抓住了门德尔松的胃，还给他营造了一个舒适、美观的家。他们在莱比锡的新居小巧而舒适，塞西尔能干又懂得生活情趣，门德尔松感到非常幸福。因此，他在这时期所作的《降 B 大调大提琴奏鸣曲》及《降 E 大调弦乐四重奏》中都洋溢着幸福、满足的情愫。

初为人父的繁忙

1838 年 2 月 7 日，门德尔松的第一个孩子诞生了，是个男孩，被取名为卡尔，他为父母及亲人带来了春天。

看着孩子粉红色的小脸，门德尔松看到了血脉延续的神圣与奥妙，这让他不禁想起了自己的父亲和摩西爷爷，也让他想起了自己已经好久没有回去的柏林，顿时，一股强烈的思乡愁绪涌上了他的心头。

门德尔松想要带塞西尔回去见见家中的亲友，但塞西尔自从生产后，一直病着，这让门德尔松忧心如焚。好在夏天的时候，塞西尔总算是康复了。

1838年6月，门德尔松到科隆指挥下莱茵音乐节的演出，并在盛夏时节带妻儿回到了柏林。

那一刻，慈祥的老门德尔松夫人含着眼泪，欢迎从未谋面的儿媳妇。她紧抱着塞西尔，久久不忍放手。看到小孙子时，慈爱与欣喜的情绪使她成了"被幸福包围、乐到极点的老太婆"。

这位豁达、明理、性格爽朗的老夫人长久忍受着对爱子的思念，却装做若无其事。今天她总算得到了许多安慰，她很喜欢儿媳妇，对儿子的成就感到很满意。

范妮和其他人一样，也对塞西尔赞不绝口。这位敏锐的油画家还为塞西尔与门德尔松的婚礼作了一幅画。虽然她没有参加弟弟的婚礼，但她把它想象的和自己结婚时的场面一样。当时，范妮的丈夫正在伦敦，他的一幅作品《米瑞恩》受到维多利亚女王的喜爱被买去作为私人收藏。

当塞西尔以她的真诚和好个性征服了门德尔松的姐妹，与家里上下相处得和乐融融之际，柏林却开始流行起麻疹来。顾及小卡尔的安全，门德尔松在母亲的敦促下，携妻儿匆匆返回了莱比锡。

但是不幸的是，门德尔松回家后却生病了。因无法指挥《圣保罗》的演出，他的位置便由费迪南德·戴维暂时替代。

戴维是莱比锡布业大厅乐团的第一小提琴手，早在1821年左右，就认识了门德尔松，但他是在1836年，即门德尔松担任布业大厅乐团的指挥后，才加入布业大厅乐团的。

他不仅是一名优秀的小提琴家，还校订过巴赫的小提琴奏鸣曲，且著有小提琴教本，也是门德尔松最忠诚、最有帮助的朋友之一。

1839 年是比较安静的一年。年初，门德尔松在莱比锡指挥演出了舒曼曾经从维也纳带回的舒伯特的《C 大调交响曲》。另外该年中的主要工作，是为法国文豪维克多·雨果的诗剧《卢布拉斯》谱曲。此外，他还去了一趟杜塞尔多夫和法兰克福。

1839 年 10 月 12 日，门德尔松的第二个孩子玛利亚出生了。

这时，希勒遭丧母之痛，来门德尔松家长住了一段时日，他从这个新降生的小宝宝身上得到了莫大的安慰。

忙碌的旅行演奏

1840 年 3 月，李斯特来到莱比锡。虽然他的技巧深受大家喜爱，但是莱比锡人并没有太注意他的举动或传闻。

希勒在门德尔松家住的时候，曾作了一出神剧《耶路撒冷的毁灭》，并在 1840 年 4 月 2 日举行首演。

1840 年 6 月时，门德尔松应邀为一场纪念日耳曼活版印刷发明者的音乐会作了两首圣歌，一首改编自英格兰歌曲《听！传令的天使在歌唱》，另一首是《天神赞美颂》。这两首曲子很快就成了最通俗的圣乐。

古腾堡音乐节过后，门德尔松带着妻子塞西尔到北部的士威林去，目的是指挥《圣保罗》的演出，以及筹办音乐庆典的其他事宜。

一连串的忙碌工作后，门德尔松渴望能休息一段时间，但是却接到了 1840 年 9 月伯明翰音乐节的邀请函。所以，他回柏林没住几天，就又起程去了伦敦。

当多佛的驿车一抵达伦敦，卡尔就出现了。他的衣着依然考究，一袭合身的深蓝色外套使他微胖的身躯显得结实。他的脸上堆着笑容，好像还是那么年轻。

他迎上前来，一见到门德尔松就以洪亮的声音亲切地问："近来可好？老家伙！"

门德尔松摇头笑道："天理何在？你早该变成一个干瘪的老头儿了，但你却鲜艳如早晨的玫瑰，简直是魔鬼！"

"说得一点没错，"外交官面带谦虚，故作哀伤地承认，"正常、良好的生活并不适用于每一个人。我也曾试过滴酒不沾，生活规律，不乱交女朋友，积极偿还欠款，但没过两个月，我成了名副其实的病号。去年 11 月，我得了小感冒，却大错特错地去看了医生，从那时起，医生的关怀变成了我健康的一大威胁。然后我索性照他意思的反面去做，反倒觉得健康自在。"

门德尔松对他报以微笑。门德尔松与他相交了大半辈子，对他的言行举止与思维方式早就了如指掌。

早秋的伦敦，景色不错，多姿多彩，门德尔松与老友驱车同游，寻找着往日的足迹，真是一大乐事。当年大家都还年轻，虽然彼此兴趣不同，却一直很谈得来。现如今，卡尔仍是单身一人，热情一如往昔，而自己却早就为人夫、为人父了。

"我简直不想问你最近做了些什么，"卡尔举起帽子向迎面驶来的马车上的女士行礼，"你在莱比锡的生活似乎是高贵、幸福得令人难以忍受，我简直不耐烦听你提起！"在一阵笑声中，卡尔接着问道："塞西尔可好？孩子好吗？"

"他们都好，希望你能到莱比锡和他们同住。"

"那可不成，一定会引起我的妒意！"

马车驶进柏里街，门德尔松探身出去四下观望，他认出了那座自己曾经度过许多欢乐时光的红色砖屋。

"一切都没有改变嘛。"门德尔松轻声说。

"至少房东换人了，"卡尔得意地说，"很荣幸地告诉你，我现在正是这屋子的主人。"话音刚落，他已跳下马车，落在石阶前面了。

在这趟忙碌但不十分紧张的伦敦之行中，门德尔松见过卡尔，也拜会了一些老朋友。然后他去了伯明翰，在伯明翰指挥了自己作的《天神赞美颂》、亨德尔的《以色列人在埃及》片段，并弹奏了《G 小调钢琴协奏曲》的独奏部分。

再回到伦敦时，门德尔松感到有些疲惫，他懒洋洋地躺在长沙发上，与倚在窗口的卡尔闲聊着。他形容他的家庭像个乐园，"没有礼服，没有钢琴，没有名利和车马，但有驴子、野花、乐谱与速记簿，此外就是塞西尔和孩子们"。

卡尔眼中充满了迷惘，他没有想过这些，也难以想象出这样的幸福。但从门德尔松的表情中，他看到了幸福，而且他知道自己的朋友已经归心似箭。后来卡尔悄悄地给他准备了一张船票。那天，伦敦正下着大雨，门德尔松在卡尔不舍的目送下登上了停靠在多佛港的船只，同行的还有多年前和门德尔松在史威克相识的英国的评论家 H.F. 裘利。

当时，莱比锡新的音乐季已经准备就绪，应萨克森王的要求，门德尔松的《天神赞美颂》临时被安插进去。在这场演出中，门德尔松作了许多更改与增删，其中还包括一幕超乎想象、极为精彩的创作。

应邀回柏林

门德尔松的下半生几乎在莱比锡牢牢扎了根，就他一生而言，在莱比锡的这段时光将是最成功、最荣耀的，但是长期的奔忙让他精疲力竭。在这里他感受着家庭的温暖，对周遭的一切也感到舒畅。但他对柏林的感觉就不同于莱比锡了，尽管柏林的吸引力仍然存在，但就他个人的雄心、热情而言，它经常给他带来失望。因为即便是一场成功的演出，也会在柏林的音乐界引起一阵阵醋意。

在当时，刚刚即位不久的普鲁士王威廉四世想要设立一所新的柏林艺术学院。这所艺术学院共分四个部门：绘画、雕塑、建筑、音乐。他们有意聘请门德尔松主持音乐部门的事宜，该项职务委任书是 1840 年年底经首相传达的。

这自然是个极具诱惑的建议，这不但意味着门德尔松可以回柏林长住，一年 3000 塔勒的薪水也比他过去任何一笔收入要多，尤其是他的第三个孩子也将要出生了，家庭开销也将相对增加，而且这个职务本身也很吸引人。但是，他很难相信这是真的，而且，他也不清楚威廉四世的计划，因此花费了好多时间、精力与有关官员作了一些不得要领的沟通。

1841 年 5 月，门德尔松从莱比锡去了柏林。能回到亲人身边，他自是喜不自胜，但是工作上的拖拉与松散，却让他感到不耐烦。

1841 年 7 月，他给卡尔的信上说："请相信我，现在的柏林是一个毫无效率可言的城邦，但莱比锡却是造福大众的。"

几个月之后，在写给莱比锡的戴维的信上，他对这项职务的安排表示了极度的怀疑：

> 你希望能知道一些关于柏林音乐学院的消息，我又何尝不是呢？只是目前连一点头绪都没有。国王陛下似乎想要筹办一所艺术学院，但是，如果他们不下决心整顿目前的情况，这个计划是行不通的。我给他们的建议也没有多大用处，我并不想从学院中为音乐

争取多大的权益，不论是目前还是未来……但是你一定会问，他们此刻为什么要我留在柏林？我的答复是，一方面，我真的不知道他们的意思；另一方面，我认为他们想在冬季举办一些大规模的音乐会，让我担任指挥。这些音乐会不是在教堂举行，有些是在音乐厅举行。不过到底会不会真的举行，我还是很怀疑。在我看来，这段时间内的种种事情大概只有上述的计划比较有可能完成。

除此之外，他感觉到柏林的音乐演奏水平与他一手建立起来的莱比锡音乐水平，相差甚远。

不久，门德尔松应威廉四世之邀，以索福克勒斯（希腊三大悲剧作家之一）的作品《安提戈涅》为题材谱写曲子。这是为保存古希腊悲剧作品而作，并且要在波茨坦国王的私人剧院举行首演。

由于柏林方面暧昧不明的邀约，门德尔松在莱比锡的工作依然在进行，他只是把指挥的位置让戴维暂为代理。门德尔松还曾回过莱比锡，作了短暂停留，演奏了贝多芬的《C大调钢琴协奏曲》。

1842 年 1 月，《苏格兰交响曲》正式完成。然后便是一连串新的音乐会构想开始在柏林一一展开，应国王的要求，《圣保罗》首先上场。但是门德尔松的心情远没有柏林人士那样愉悦，他发现，这里的乐队很难取悦，反应迟钝，而且他在这里缺少惯有的支持与影响力。

到了 1842 年 4 月，《安提戈涅》在柏林作首次的公演，那无疑是相当成功的演出。在这次演奏会之后，门德尔松首次见到了歌剧作家理查德·瓦格纳。早在 1835 年 5 月，瓦格纳就曾把自己的一首《C 大调交响曲》寄给了门德尔松，但门德尔松好像对他并不特别欣赏。门德尔松一直主动地帮助肖邦，提携舒曼、戴维等人，他是个很热心、很惜才的人，他知道感激上苍对他的厚爱，并且时刻想帮助值得帮助的人。但是他对瓦格纳的态度却大不相同，他或许认为瓦格纳只不过是个自命不凡、疯狂、爱吹嘘、对才华不善利用的荒唐家伙。所以，当瓦格纳千里迢迢来到柏林，恭敬地送上自己的《唐怀瑟》作为未来美好前程的敲门砖时，门德尔松仍没有为他开启方便之门。

这段时间，他的主要快乐来自每个星期天早上的音乐聚会。这是门德尔松家族的传统，也是他童年回忆中最愉快的一部分。刚开始，这只是纯粹私人性质的小型家庭音乐会，门德尔松早年的习作都是在这种场合发表的。后来他为自己的音乐事业四处奔忙，长期不在家里住，但是这种小型的音乐会仍然由范妮继续主持、发展。许多著名的高水平的演出都是在这儿进行的，而且这也使门德尔松从缺乏人情味与热忱的工作环境中，得到了些许解脱。

携妻再访英格兰

1842 年 3 月，门德尔松前往莱比锡，筹划《苏格兰交响曲》的首演事宜。1842 年 5 月，他去杜塞尔多夫指挥下莱茵音乐节的演出。紧接着英国的爱乐协会为了要演出他的几首交响曲，邀请他去伦敦。

这一旅行演奏很愉快，尤其是塞西尔在身旁陪伴，他一路上感到特别快活。门德尔松的到来为伦敦该季的音乐活动掀起了高潮，几场门德尔松作品的演奏会获得了空前成功。后来，门德尔松还亲自指挥了《芬格尔山洞》及《C 小调协奏曲》的演出。爱乐协会为了感谢他的莅临，在音乐季结束后，还宴请了门德尔松夫妇享用别具风味的鲜鱼大餐。接着，门德尔松又在伦敦新盖特街的基督教堂举行了一场风琴演奏会。

塞西尔第一次来英国，所以他们便抽空四处游览，拜访朋友，当然卡尔是绝对不能少的。他们从曼彻斯特旅游归来，在伦敦小住了一段时日，因为塞西尔有个移居这里多年的远亲。

门德尔松著名的《无言之歌》钢琴曲集中的《春之歌》在这个时候写成。他在伦敦期间所作的曲子中还包括六首圣诞乐曲以及一首他去世后才出版，并列为作品编号 102 中的第一首的曲子，曲子带有忧伤而感人的气息。

客居英格兰这段时间内，最让他兴奋的是访问了白金汉宫。门德尔松先生给母亲写信，曾以最动人的笔调叙述了这件盛事。

在那里，门德尔松先生被领到风琴前进行弹奏。他的一曲摘自《圣保罗》的《多可爱的使者们》，在艾伯特亲王巧妙的处理下停止了，改由女王表演独唱。她唱了一些门德尔松的作品，包括《意大利交响曲》中的片段，以及一首由范妮所作收录在门德尔松作品集中的曲子。

接着，艾伯特亲王也加入了演唱的行列。最后，由门德尔松把大家兴高采烈的情绪带入了高潮，他被允许把《苏格兰交响曲》献给女王。

1842 年 7 月，门德尔松和塞西尔离开了伦敦，在法兰克福短暂停留后，便在保罗·门德尔松夫妇的伴随下，去了瑞士。

丧母之痛

门德尔松享受着沿途的风光，他非常高兴地写信给母亲，他又重游了 20 年前全家旅行时去过的一些可爱的乡间地方。回来的途中，他先去了莱比锡，指挥了一场在布业大厅演出的音乐会，然后才回到柏林。

柏林方面的职位依然很模糊，这让门德尔松无法忍受下去，所以他决定谒见国王，到时他会递上辞呈。但是与国王商量的结果是：他将重新界定这项新职务，应该能够自由调派所需的演唱者和演奏者；能够随心所欲地去各处旅行，并且想住在哪里就住在哪里，即使不在柏林也无所谓，只要国王征召时随时效命就可以。

这个条件很优厚，虽然年薪减为 1500 塔勒，但是相比之下，待遇还是比较高。经过考虑后，门德尔松欣然接受了这些条件，而且晤谈的时候，国王表现得很机智。他与门德尔松的个人关系和谐而友善，因为在不久前，他还给门德尔松颁了一个勋章，以酬谢他对提高柏林音乐水平的功劳。

这次协商为柏林的门德尔松家族带来了莫大的喜悦，也让门德尔松对于自己如何被期望有了明确的概念。

早在 1842 年春天，门德尔松就被派任为乐团指挥，现在他只好请辞。但他仍然答应为莱比锡建立一所音乐学院，对他而言这是一项伟大的计划。

秋天，门德尔松回到莱比锡，他很快乐，因为他感觉这里的一切都比柏林更令人感到舒适。他仍努力工作，因为普鲁士王要求他为莎士比亚的《仲夏夜之梦》、法国悲剧作家拉辛的《阿塔达莉》以及《俄狄浦斯在科洛纳斯》谱曲。

不久后，他又被安排必须在 1842 年 12 月 17 日返回柏林，为与他职位有关的各项事宜作最后的谈判，因为他已离开柏林太久了，而且迟迟没有履行他所处职务应尽的责任。还有一件事更需要他马上赶回柏林，因为他的母亲在 1842 年 12

月 12 日猝然去世了。

与七年前丈夫去世时一样，老门德尔松夫人在没有什么痛苦的情况下突然长眠不起。门德尔松的悲恸可以想象，似乎比失去父亲更沉痛。但是他繁忙的工作分散了他的思念，而且，从妻儿身上他得到了许多慰藉。

门德尔松虽然继承了柏林莱比锡街 3 号的门德尔松大宅，但他并不打算长住，他急急奔回莱比锡，投入了工作中。

幸福并忙碌着

1843 年 3 月 9 日，是布业大厅音乐会的百年庆，一些历届著名指挥家的作品经过一番选择后，排好顺序被演奏以示庆祝。同时，为庆祝巴赫纪念馆揭幕，一场巴赫作品的演奏会也展开了，这是早在 1840 年就已开始筹备的。

1843 年 5 月 4 日，门德尔松的第四个孩子出生了。不久他又出远门，到德累斯顿指挥演出《圣保罗》。接着他又赶回莱比锡，并在莱比锡度过了一整个夏天。

在门德尔松的观念中，家庭是唯一能与他的音乐相比拟的。他爱自己的家庭、子女，也珍爱妻子，他曾说过："如果塞西尔不在身边，那世界上一流的二重奏岂不就不复存在了吗？"门德尔松的一位朋友也曾对他们一家人的和乐景象作过这样的描述：

他的家庭生活单纯而快乐，经常会出现意想不到的情景，而且充满了天真烂漫的情趣。玛利亚正在学习 C 大调音阶，门德尔松在一旁教她，父女俩正因为弄错了指法的转换而觉得好笑。调皮好动、精力充沛的卡尔不断地用自己的头撞别人的头。孩子们在客厅里翻筋斗，一会儿又跑到书房，把正在给朋友写信的爸爸拖出来和他们一起堆积木。他们堆了一座高塔，塔上放一块涂着果酱的面包。"真是有构想的建筑师！"父亲赞赏着说。10点的时候，卡尔跑到他身边，读书、做算术、写作文、念地理，这就是他们生活的大致情景。当然，"如果塞西尔不在场的话，兴趣就会减半"。所以，不论什么时候，他的妻子一定都会在画面的一角出现。

对门德尔松而言，这种幸福是永恒的，是上苍的恩赐，所以他曾在给一位即将结婚的朋友的信中说：

我的愿望就是祝福你和你的未婚妻，希望你们能把现在的愉悦，继续带到往后的婚姻生活中，就像我们一样。无论什么时候，我总感觉无法表达自己对上帝的感激之情。

也许是家庭的滋养，或者为了报答天神的垂爱，门德尔松更加卖力地工作。在他的脑海里，充满了各式各样的音符，他毕生最伟大的神剧《伊利亚》随时随地都在酝酿着。然后，他最迫切的工作就是先把《仲夏夜之梦》等乐曲完成。早在十多年前，他就谱了一首才华横溢的《〈仲夏夜之梦〉序曲》，现在他则忙着谱写谐谑曲、小夜曲以及结婚进行曲等。

1843 年 10 月 18 日，整本的《仲夏夜之梦》（包括原本的序曲和新作的十二首曲子）与《阿达莉》在波茨坦及柏林陆续推出。对此有人给予最狂热的赞美，也有人予以冷酷的批评，不论如何，这些作品当时在欧洲大陆掀起了一股不小的风潮。

从 1843 年底到 1844 年初，整个冬季，门德尔松一直待在柏林。他在莱比锡的工作暂由希勒代理。

在柏林的日子比预期的要愉快，经过几年的磨炼，他更能令人信服，因此他和柏林管弦乐团之间的关系也比过去真诚、融洽多了。因为在此地有了丰富的音乐，也解除了他在工作上的烦恼和烦躁。

门德尔松府一年一度的圣诞欢宴去年因老门德尔松夫人过世而暂停，今年又恢复了。这是塞西尔首次以女主人的身份主持门德尔松府的聚会，她的好风度博得了宾客们的好感：

> 这家人殷勤地招待着我们。门德尔松夫人具有一
> 种淳朴之美，虽然天真，但不失魅力……她带有法兰

克福口音，并非纯正的德意志话，但是谈吐优雅，举止率真，时常站起来特别招呼我们。

我们常常猜想门德尔松的另一半会是怎样的一个女子，现在，这位女子就在我们面前，只要看看她的微笑、她的眼神，就能感觉到一股暖流。塞西尔关心别人而且很随和，她具有和蔼可亲及朴实无华的美德。

与塞西尔交往密切的爱莉莎·波儿可夫人也有相似的看法：

到现在，我一直认为塞西尔是女性爱与美的化身。她身材中等，体态纤柔、优雅，像一朵沾着晶莹朝露的小花微微向前倾身，一头美丽的金褐色长发呈一个一个的卷形垂在肩上。她脸色红润剔透，微笑的时候最迷人。她深蓝色的眼睛美丽如湖水，眉毛和睫毛黑而浓密，宛如圣母玛利亚再世。她举止较拘谨，有时会被人误会成冷漠，因此有人叫她"美丽的含羞草"。如果用音乐的表情用语"静静地，但感动地"来形容塞西尔，是最恰当不过了。

1844 年 3 月，门德尔松指挥了亨德尔的神剧《以色列人在埃及》以及贝多芬《第九号交响曲》的演出。紧接着，普鲁士王又要求他为埃斯库罗斯（希腊悲剧作家）的作品谱曲。如此忙碌、紧张的生活，让门德尔松的体力日复一日地透支。如果拒绝，也很麻烦，难免又会惹来一些冗长而烦人的不必要的沟通，因此，他想了一个最好的解决方式，那就是复活节过后立刻带着家人逃到法兰克福去。

久违了，法兰克福正在春寒料峭中展露着淳朴之美，天空缥缈的云丝在亮丽和轻盈中带着几许愉悦，这与门德尔松此刻的心情有几分相似。当一家人行色匆匆地抵达法兰克福时，他不禁开心地笑了。他感觉自己像个亡命徒，不断地躲避着尾随他、追捕他的请柬，如今，他逃到了自由的乐土，一切烦恼将被阻挡在法兰克福的大门之外。

美丽的法兰克福清纯如昔，这儿藏有他一生中最幸福、最美好的回忆，即使时光流转、物换星移，属于他和塞西尔的共同回忆是永远不会褪色的。

为音乐奔忙

与伦敦爱乐协会合作

到了法兰克福，门德尔松一家人似乎受到这里简朴与保守氛围的感染，竟过起了半隐居生活。在这里没有不必要的应酬与交际，门德尔松可以倾力于音乐创作。

正当这家人沉浸在这样的生活中时，有一位伦敦爱乐协会的朋友尾随而至，他是奉命前来与门德尔松交涉演出事宜的。

伦敦确实是个好地方，是个很少让门德尔松失望的地方，而且在那里还有老友卡尔，指挥演出的工作也不太累人，所以门德尔松同意了。

1844 年 5 月上旬，他抵达了伦敦，然后就一直住在卡尔那里，并谢绝了一切不必要的交流，专心筹划演出事宜。他决定把舒伯特的《C 大调交响曲》列入演出的节目中，但是乐团却不接受，他们集体起哄拒绝认真演奏这首曲子，门德尔松也只好取消了它，用自己作的曲子来替代。

演出场面宏大，虽然有些不如意，但总体来说，这个季节对门德尔松而言，还是闪烁着光芒并满溢着成功的。

由门德尔松指挥、爱乐管弦乐团担任演出的全本的《仲夏夜之梦》受到了观众热情的欢迎，小提琴家乔钦演奏了贝多芬为后世所熟知、被列为世界三大提琴协奏曲之一的《D大调小提琴协奏曲》，门德尔松还亲自弹奏了贝多芬的《钢琴协奏曲第四号 G 大调》。这首曲子是门德尔松个人最喜爱的，英国人过去知道的很少，但这次演奏会后，它几乎传遍了整个英格兰。

此外，爱乐协会的这些音乐会还引发了许多其他的音乐演奏热潮，不论是私人的还是公开的，甚至还包括一趟去曼彻斯特的友好访问。门德尔松曾经与一位叫派帝的演奏家以大提琴合奏了自己在 1843 年作的《D大调奏鸣曲》，并且应亨德尔协会的邀请，为出版亨德尔的《以色列人在埃及》而努力工作着。

《E 小调小提琴协奏曲》

1844 年 7 月份回到法兰克福时，门德尔松已精疲力竭，但心情异常愉快。在寄给卡尔的谢函上，他写道：

> 这一趟如风般的旅行归来后，我发现家人很平安。我在周末抵达，我们进行了最愉快的聚会，大家都健康而快乐。
>
> 塞西尔看来还是很好，虽然被太阳晒黑了些，但原来那种精神委靡不振的迹象已不复存在。我一整天

只要看到她，心里就有无限的喜悦。孩子们也晒得好像非洲人，因为他们整天都在花园里玩耍。

　　其实，门德尔松不在的这段时间，塞西尔和孩子们都病了，只是他们一直没有告诉他，现在他们很健康，也成了他最永恒的快乐之源。门德尔松的信上还描述了许多他们家庭中偶然发生的趣事，例如他在教女儿玛利亚弹音阶练习时塞西尔突然走过来，还发现他教错了指法。

　　虽然与家人在一起的时候是非常快乐的，但这并没有影响他对工作的热忱。1844年9月16日，《E小调小提琴协奏曲》终于完成了。

　　早在1837年时，门德尔松就曾表示要为戴维谱一首小提琴协奏曲，但他一直忙于旅行演奏，写别人请托的曲子，所以一直没有实现愿望。

　　门德尔松从1835年担任莱比锡布业大厅乐团指挥以来，就与戴维成了挚友。他们有相同的音乐理想，都致力于发掘历代作曲家不为世人所重视的伟大作品，除了把它们发表演奏外，还把这些手稿重新校订整理并出版。如果不是得益于门德尔松等人的先见之明，我们今天恐怕就听不到巴赫、亨德尔、舒伯特、莫扎特、贝多芬等人的某些作品了。

　　这首《E小调小提琴协奏曲》是门德尔松于1844年7月从英国返回法兰克福后开始着手谱写的。在此期间，他与戴维一直保持密切联系，并以演奏家的身份提供给了戴

莱比锡的音乐学院

维有关演奏技巧方面的意见。后来人们把这两首曲子与勃拉姆斯的小提琴协奏曲合称为"世界三大小提琴协奏曲",可见门德尔松在乐曲创作上的功力。

1845年3月13日,《E小调小提琴协奏曲》在莱比锡布业大厅的音乐会上首次演奏,戴维担任独奏,获得了空前成功。可惜的是当时门德尔松卧病在床,没有参加。

积劳成疾

与往常一样,门德尔松对柏林欠缺好感,所以一直视返回柏林为畏途,这个观念已经根深蒂固了。此刻,他最急于达成的目标就是早日解除柏林方面的职务。他决定,除了某些特殊情况下国王的临时请托外,他将不再担任柏林音乐学院的任何职务。请愿获得了国王的应允,年薪随之减为1000塔勒。

终于了结了一桩心愿,门德尔松顿时感到轻松异常。柏林似乎也不再像先前那样令人难以忍受了,所以,他一直待到1845年11月底才离去。

这段时间内，门德尔松曾应国王邀请，指挥演出了《圣保罗》，并让姐夫为他画了一幅肖像，柏林的一些朋友也举行盛宴为他饯行。事情到了这种地步，范妮颇感忧虑，但是她也明白，就门德尔松现在的健康状况和该职务所引起的不快与摩擦来看，这似乎已经是必然的了。

这时，门德尔松的小儿子被传染了麻疹，过了好长一段时日才痊愈，妹妹瑞贝卡和妹夫在罗马也病得不轻。这些都让他忧心不已。

1845 年的大部分时光，门德尔松都待在法兰克福，专心从事乐曲创作。《阿达莉》与《俄狄浦斯在科洛纳斯》已完成。普鲁士王又试探性地提议将全部的埃斯库罗斯（希腊悲剧诗人）的作品配上音乐，但门德尔松以"当今在世的作曲家，没一个人有足够的能力处理这部作品"回绝了普鲁士王，所以这个计划也就不了了之。

长期的奔波劳累严重损害了门德尔松的健康。才不过36 岁的他，身体状况已开始有了衰弱的现象，头痛得越来越频繁，而且越来越严重，有时候几乎头痛欲裂。

或许是有感来日不多，他的创作欲望更加狂热。除了决定把构思多年的神剧《伊利亚》完成并尽快举行首演外，他的《降 B 大调弦乐五重奏》和《C 小调三重奏》也在 1845年着手谱写。

1845 年年初，《安提戈涅》在伦敦中心区广场的歌剧院演出，门德尔松很高兴地在报纸上看到了相关的报导及演出照片。

1845 年 6 月时，萨克森王建议门德尔松再接受莱比锡的职位。1845 年 9 月时，门德尔松决定，他愿意为这"经常令他感到温暖"的城邦效力，并以此作为他"最后的家"。

他的第一场音乐会是与舒曼的夫人克拉拉合作演出的。克拉拉担任钢琴弹奏，门德尔松感受到了一股让他心生喜悦的自然流露的热情。

克拉拉·维克善良、美丽，是位坚强、有深厚内涵的女性，还是一位极具才华的钢琴演奏家，她与舒曼为爱情而奋斗的事为当时日耳曼音乐圈内的人士所同情。

克拉拉的父亲是著名的音乐教师维克教授，他无理而顽固地要扼杀女儿与舒曼间日益滋长的爱情。他甚至扬言如果克拉拉与舒曼结婚，他至死不承认这个女儿，还说如果舒曼再与克拉拉来往，一旦被他发现，非把舒曼毙了不可。

维克多年的至交李斯特曾百般调解劝说，但维克誓死不让步，执意要把克拉拉嫁给有钱有势的人。门德尔松和肖邦也觉得维克教授太不近人情。门德尔松除了在音乐事业上帮助舒曼外，还在舒曼为爱情而奋斗的将近五年的岁月中不断地支持他。直到 1840 年 9 月，这对恋人终于下定决心，在"缺少父亲的祝福"下结为夫妇，门德尔松一直对他们进行鼓励与祝福。

1845 年 9 月，门德尔松的第五个孩子莉莉出生时，舒曼来信贺喜，说："我们都想学习你，我时常对妻子说，我们好像永远无法达到能够满足的幸福程度，只有孩子才是我们在世上所能拥有的最大幸福。"

该季的音乐会中，门德尔松还与刚刚崛起、风靡整个欧洲的女高音、有"瑞典夜莺"之称的珍妮合作过。他很满意珍妮的歌技，并预言她的才华与潜力在未来的岁月里将会有更好的表现和发挥。

门德尔松果然慧眼识才，一股空前的"珍妮热"不但席卷了欧洲大陆，更远渡英伦海峡，伦敦市民都为之疯狂，维多利亚女王还给她献上一束"崇拜的鲜花"。最后，这股风潮还飘向了美洲大陆，其盛况可以想象。

1845 年 12 月，伯明翰方面曾派人前去与门德尔松洽谈演奏事宜，但因为健康原因，他不能答应太多的演出，所以最后决定只指挥演出他自己的作品。但就另一方面而言，他对莱比锡音乐学院的职务付出了最大的心力和热情。他在莱比锡学院教授作曲，他在学生心目中是极具敏感性的好老师，但也是最难取悦的人，因为他对音乐的要求很高。

在此期间，《俄狄浦斯在科洛纳斯》和《阿达莉》在柏林也被演奏。

残烛夕照

　　1846 年 5 月和 6 月，门德尔松都在亚琛指挥下莱茵音乐节的各项节目，并与珍妮合作演出，造成了极大的轰动。回程时，他在杜塞尔多夫作了短暂停留。

　　所有这些音乐节的活动都在不断地损耗着他的生命力，但也给他带来了等量的快乐。他依然沉浸在神剧《伊利亚》的辛苦创作中，他微弱的生命气息因此而得以延续。

　　年轻时，他没有因健康问题伤过脑筋，但是现在，他还不到 40 岁，却屡屡为疾病所苦。有时，他感到惆怅、消沉，他慨叹青春不再与健康的可贵，却又明白长叹无补于事。一股对音乐的无限热爱的力量促使他坚强，一种近乎宗教的情怀使他视《伊利亚》的创作为伟大使命。最让他感到不安的是，他实在放心不下塞西尔和五个年纪尚幼的孩子。

　　1846 年 7 月底，《伊利亚》完成了。经过长久以来的深夜工作之后，他又怀着无比恭敬的心情在天色微明的时候把它重看了一遍。他的神情严肃而安详，天堂美乐在他心中荡漾着，不知过了多久，他才发觉黎明的曙光已把天空染白了。

　　1846 年 8 月 17 日，门德尔松去了伦敦，并在 26 日伯明翰音乐节中指挥《伊利亚》的首演。他给弟弟保罗写信说这是他所有作品中"最成功的首演",还受到了维多利亚女王及艾伯特亲王的赞誉。

回到莱比锡,门德尔松感到疲倦而衰弱,一而再、再而三地过度辛劳已经彻底打垮了他的身体。他给弟弟写信说明了他的身体情况:

> 我已经无法去旅行或做其他任何事情了。经过一个暑假的劳累和旅行后,我现在已开始了素食生活。自从回到家后,我什么事也不能做,整天除了吃东西、睡觉、散步外,根本不想让其他任何事情占用我的时间。

但是没过多久,他又开始工作了,一出叫《洛雷利》("洛雷利"是指在莱茵河上用歌声迷惑船夫,致使船破人亡的女孩)的歌剧正在积极地谱写,而酝酿已久的神剧《救世主》也在同步进行着。此时他们全家人最喜欢的一个仆人约翰生病死了,这让门德尔松悲伤不已。但他不顾及自己虚弱的身体和缠身的病痛,仍在忙着筹划音乐学院的事情。

1847年2月3日,他度过了平静而愉快的小型生日庆宴。但闲逸的日子并没维持多久,他就又开始了旅行演奏。在莱比锡指挥了一场《圣保罗》后,他又去了伦敦,三度与神圣和音团合作演出《伊利亚》。

这次英伦之行算得上是收获丰硕,《伊利亚》在伦敦的四场演出场场爆满,而且女王和她的丈夫也莅临聆听,此外,他在曼彻斯特和伯明翰还各加演了一场,并应邀再度访问白金汉宫。但是各项殊荣并不能减轻他身体的不适,他说,这样的日子只要再过一个星期,他就必死无疑了。他的老友卡尔不放心地陪伴着他、照顾他,就像好多年前他第一次来伦敦时那样。

卡尔打量着门德尔松憔悴的眼神、缺乏血色的双颊和花白的鬓角,心中诸多不忍。他劝门德尔松要多休息,门德尔松回复的只是无奈的、病恹恹的浅笑。卡尔举起肥厚的手掌轻轻地拍在门德尔松瘦削的肩膀上,眼里闪着泪光。他为自己的预感而不安,但是令他没想到的是,这是他和门德尔松最后的相聚。

1847年5月9日,在多佛港,一艘扬着白帆载着门德尔松的大船迎着绵绵细雨,从卡尔的视线里消失了。

返回法兰克福不久,门德尔松收到了姐姐范妮猝死的消息,他立刻陷入了严重的休克状态,经过很长一段时间的急救才苏醒过来。

范妮是门德尔松最亲爱的姐姐,姐弟俩不只限于手足之情,从小他们就是知心的朋友,也都喜欢音乐,而且彼此都以对方的才华为荣。原本虚弱的门德尔松经过这次打击后,便一蹶不振。后来塞西尔提议到瑞士去,她希望他在没有工作压力的情况下,享受美好山光水色进行调养。加入门德尔松一家的还有保罗和范妮的丈夫。

在瑞士养病期间，门德尔松画了许多风景水彩画。他的一首《F 小调弦乐四重奏》也是在瑞士养病时作的。

1847 年 9 月，一行人返回了莱比锡。瑞士的休养似乎很见效，门德尔松的气色看起来相当不错。他匆匆返回柏林，似乎是想要寻找年轻时的快乐回忆，当然包括他和姐姐范妮的那一部分。

最后的乐章

1847 年 9 月 9 日，他外出拜访了一位朋友，并交换了与最近所作曲子有关的意见，计划明年到维也纳聆听珍妮演唱的《伊利亚》。

1847 年 9 月 25 日，他给保罗写信说："谢天谢地，我感觉自己的情况一天比一天好，我的力量一再地加强。"还说："我相信你能替我做的，一定比我那苦口的药物要多得多。赶快再给我写些信吧，告诉我你会来看我的。"

1847 年 10 月 28 日，他感觉似乎还不错，和塞西尔一起外出，但不一会儿他便感到不舒服。

1847 年 10 月 30 日，保罗的回信来了。

1847 年 11 月 4 日，他已无法起床了。忧心如焚的塞西尔一直守在他身旁，关切地询问他需要什么，但他只是无力地动动眼皮，喃喃地说："好累、好累、好累……"从此便没有再醒来过。

雅各布·路德维希·门德尔松·巴托尔迪这位散播天堂美乐的使者，一生都在为音乐奔忙。此刻，他的职责已了，于38岁的英年便离开了他的亲人和朋友，离开了这个世界。

葬礼于1847年11月7日开始举行。当天，他的灵柩后跟了好长好长一列队伍，里头有他的亲人、学生、乐团伙伴、朋友，也有受惠于他的人。他们中的很多人都是从远方赶来的，大伙儿在《无言之歌》第五节中的一首E小调曲子的伴奏下，缓缓地前行。

当灵柩移入教堂时，唱诗班唱起了《赞美吾主》，以及《圣保罗》中的《快乐与恩赐》；在哀伤的追悼演说后，响起了巴赫的《马太受难曲》。教堂的仪式结束后，有个悲恸欲绝的身影被引到了圣坛前，这就是向亡夫告别的塞西尔，她的精神似乎要崩溃了，但她依然决心奉献余生教养他们的五个孩子。

告别仪式之后，灵柩直接向柏林进发了，在第二天黎明下葬于门德尔松家族墓园，就在范妮墓的旁边。

门德尔松的妻子塞西尔因感染肺疾在1855年秋天追随丈夫的脚步而去了。

瑞贝卡和她的姐姐范妮一样，在1858年因脑溢血突然去世。保罗是兄弟姐妹中最长寿的一个，他于1874年去世。

门德尔松的长女玛利亚嫁给了牛津的一位青年；另一个女儿莉莉则嫁给阿道夫·沃欧；长子卡尔后来成了海德堡大学的教授；次子保罗很有科学家天分，可惜的是他的寿命也不长，18岁便去世了；最小一个儿子的生平就很少为后人所知了。